スコトゥス「個体化の理論」への批判

スコトゥス「個体化の理論」への批判

——『センテンチア註解』L.1, D.2, Q.6 より ——

G. オッカム著
渋谷克美訳註

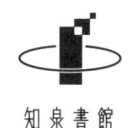

知泉書館

凡　例

1．本書において取りあげられたテキストは，オッカムの『センテンチア註解』第1巻第2区分第6問題である。底本としては，オッカムの全集版 Guillelmus de Ockham, *Sciptum in Librum Primum Senntiarum (Ordinatio)*, Distinctiones II-III, ed.Stephanus Brown et Gedeon Gál, *Opera Theologica* II, Bonaventure, N.Y. 1970, pp.160-224を用いた。
2．訳はラテン語と日本語の対訳版の形式を採用し，全集版の頁と行数を明示した。
3．翻訳部分における〔　〕は訳者による補記を示す。

まえがき

　本書は，オッカム（Guillelmus de Ockham, ca. 1285-1349）の『センテンチア註解』(Scriptum in Librum Sententiarum, Ordinatio) 第1巻第2区分第6問題の羅和対訳版である。このテキストは二つに区分される。前半の二つの節，(1) スコトゥスの見解，(2) スコトゥスの主要な結論のための論証においては，ヨハネス・ドゥンス・スコトゥス（Johannes Duns Scotus, 1265/66-1308）の個体化の理論が，スコトゥスの原文通りに忠実に引用され，彼の見解が詳細に論じられている。後半の五つの節，(3) スコトゥスの見解に対する反論，(4) スコトゥスの言明に対する反論，(5) 著者（オッカム）自身の解答，(6) スコトゥスの論証に対して，(7) 主要な議論に対して，においては，スコトゥスの個体化の理論に対して，オッカムの立場からの批判が論じられている。スコトゥスの個体化の理論に対するオッカムの批判は，彼の他の著作，例えば『大論理学』（Summa Logicae）においてもしばしば見出されるが，『センテンチア註解』のこの箇所での批判がその内容においても，分量においても最も重要なものである。私が，『センテンチア註解』(Scriptum in Librum Sententiarum, Ordinatio) 第1巻第2区分第6問題を羅和対訳版のテキストとして選んだのは，この理由からである。読者は，このオッカムのテキストを読むことによって，スコトゥスの個体化の理論がどのようなものであるかということも，これに対するオッカムの考えがどのようなものであるかということも，両方知ることができるであろう。

　スコトゥスの個体化の理論に対するオッカムの批判というテーマに関して，これまでの多くの議論がなされている。主な著作，論文は次のものである。

(1) Adams, Marilyn McCord. "Common Nature and Instants of Nature: Ockham's Critique of Scotus Reconsidered," VERITAS, Kyodai Studies in Mediaeval Philosophy XIV, 1995.

(2) ―――. *William Ockham*, University of Notre Dame Press, 1987.

(3) ―――. "Universals in the early fourteenth century," In *The Cambridge History of Later Medieval Philosophy*, Cambridge University Press, 1982.

(4) ―――. "Ockham on Identity and Distinction," *Franciscan Studies* 36, 1976.

(5) Henry, D. P. "Ockham and Formal Distinction," In *Medieval Logic and*

Metaphysics, Part III, §5. London, 1972.
(6) Henry, D. P. "Ockham and Formal Distinction," *Franciscan Studies* 25, 1965.
(7) Schönberger, Rolf. "Realitat und Differenz. Ockhams Kritik an der *distinctio formalis*," In *Die Gegenwart Ockhams*, VCH, Acta Humaniora, 1990.
(8) Shibuya, Katsumi.『オッカム「大論理学」の研究』，創文社，1997．
(9) ―――. "Scotus on Common Nature――Is Scotus's Theory Incoherent? VERITAS, Kyodai Studies in Mediaeval Philosophy XV, 1995.
(10) ―――.「スコトゥスの個体化の理論に対する，オッカムの批判」『中世思想研究』35号，1993．
(11) Tweedale, Martin M. *Scotus vs. Ockham――A Medieval Dispute over Universals*, The Edwin Mellen Press, 1999.
(12) ―――. "Critical Notice of M. Adams William Ockham," Canadian Journal of Philosophy, 1991.

　訳者註で述べたごとく，スコトゥスの個体化の理論に対するオッカムの批判は必ずしも正当なものとは言えない。しかしだからと言って，オッカムの批判が全く的はずれであり，無価値なものであると見做すことは早計であるだろう。スコトゥスに対するオッカムの批判は，両者の存在論の根本的な相違に基づくものとして理解されるべきである。この点に関しては，先に挙げた参考文献の(8)拙著『オッカム「大論理学」の研究』，第2章「スコトゥスの個体化の理論に対するオッカムの批判」49-117頁の中で詳しく論じられている。

　更に解説として，「スコトゥスの二つの個体化の理論」を付け加えた。ドゥンス・スコトゥスには，根本的に異なる二つの個体化の理論が存在するように思われるからである。一つは，スコトゥスが『命題集註解（オルディナチオ）』第2巻第3区分第1部第1-6問題で論じている個体化の理論であり，オッカムはこの個体化の理論を批判している。もう一つは，スコトゥスが『アリストテレス形而上学問題集』第7巻第13問題で論じている個体化の理論である。『形而上学問題集』は従来，スコトゥスの最も初期の，未だ充分に彼の思想が発展していない時期に書かれた著作と見做されてきた。このような評価を根底から覆したのが，1997年に聖Bonaventure大学フランシスカン研究所から出版された新しい批判版のテキスト（Ioannus Duns Scotus, *Quaestiones super libros Metaphysicorum Aristotelis*; Opera Philosophica IV, St.Bonaventure, N.Y. 1997）である。新しい批判版の校訂者は，従来の評価とは反対に，『アリストテレス形而上学問題集』第7巻第13問題は，『命題集註解（オルディナチオ）』よりも後の，

おそらく1300年以降に書かれたものであり,『形而上学問題集』の中で論じられる個体化の理論は,『命題集註解（オルディナチオ）』の中で論じられている個体化の理論よりもより後の,より発展し,より成熟したスコトゥスの後期の理論であると主張している。解説の中で詳しく述べたごとく,このような主張には筆者は疑問を持つ。なぜなら『形而上学問題集』の中で論じられる個体化の理論には,もの（res absoluta）と存在性（realitas formalis）との間に存在のレベルの相違を設け,形相的区別（distinctio formalis）を措定するという『命題集註解（オルディナチオ）』の個体化の理論の最も肝要な部分が欠落しているからである。この点に関しては,今後のより一層の研究が必要とされる。

　テキストは,出版社の小山光夫氏との相談のうえで,羅和対訳版の形式にした。これは外国においては時々見られる形式であるが,日本ではこれまでになかった新しい試みである。筆者の大学での哲学史の演習の経験から,羅和対訳版のテキストのほうが,学部や大学院の哲学専攻の学生用の中世哲学のテキストとしては便利であると考えたからである。更に,日頃中世哲学にあまりなじみのない,古代哲学の研究者やデカルトやライプニッツといった近世哲学の研究者,あるいは現代哲学の研究者達からは,「中世哲学には関心があるけれども,スコトゥスやオッカムのラテン語のテキストを直接に読むことは難しい」というお話をよく聞く。羅和対訳版の形式での中世哲学のテキストの出版によって,中世哲学以外の研究者や学生が,スコトゥスやオッカムの思想に比較的容易にアクセス可能になると思われる。今後,いくつかの中世哲学のテキストが羅和対訳版の形式で出版されることを期待する。

2004年4月

渋　谷　克　美

目　次

凡　例　　　　　　　　　　　　　　　　　　　　　　　　v
まえがき　　　　　　　　　　　　　　　　　　　　　　　vii

オッカム『センテンチア註解』第1巻第2区分第6問題　　　3
スコトゥスの見解　　　　　　　　　　　　　　　　　　　5
スコトゥスの主要な結論のための論証　　　　　　　　　　17
スコトゥスの見解に対する反論　　　　　　　　　　　　　29
スコトゥスの言明に対する反論　　　　　　　　　　　　　65
著者（オッカム）自身の解答　　　　　　　　　　　　　　71
スコトゥスの論証に対して　　　　　　　　　　　　　　　75
主要な議論に対して　　　　　　　　　　　　　　　　　123

訳者註解　　　　　　　　　　　　　　　　　　　　　　125

解説　スコトゥスの二つの個体化の理論　　　　　　　　163
　1　スコトゥス『命題集註解』における個体化の理論　　163
　2　スコトゥス『アリストテレス形而上学問題集』
　　　における個体化の理論　　　　　　　　　　　　　170
　3　二つの個体化の理論の比較　　　　　　　　　　　171
　4　スコトゥスは形相的区別を放棄したのか　　　　　178
　　　註　　　　　　　　　　　　　　　　　　　　　185

あとがき　　　　　　　　　　　　　　　　　　　　　　191
索　引　　　　　　　　　　　　　　　　　　　　　　　193

スコトゥス「個体化の理論」への批判
――『センテンチア註解』第1巻第2区分第6問題――

QUAESTIO VI

UTRUM UNIVERSALE SIT REALITER EXTRA ANIMAM, NON DISTINCTUM REALITER AB INDIVIDUO

Tertio quaero utrum aliquid quod est universale et univocum sit realiter extra animam ex natura rei distinctum ab individuo quamvis non realiter.

Videtur q u o d   s i c:

Quia natura hominis est haec et tamen non est de se haec, quia tunc non posset esse in alio; igitur per aliquid sibi additum. Et non per distinctum realiter, quia eadem ratione natura albedinis esset haec per aliquid additum distinctum realiter, et tunc haec albedo esset realiter composita, quod videtur falsum. Igitur natura est haec per aliquid distinctum formaliter additum.

A d   o p p o s i t u m :

Nulla natura quae est realiter individuum est realiter universale; igitur si ista natura sit realiter istud individuum, non erit realiter universale.

第1巻第2区分第6問題

普遍であるものが，実在的に（realiter）個物と
異ならないものとして，心の外に実在的に存在するか

　第三に，「普遍で同義的である何らかのものが，実在的には個物と異ならないけれども，本性的には個物と異なるものとして，心の外に実在的に存在するのか」と私は問う[*1]。
　存在すると考えられる。
　人間の本性はこのものであるが，しかしそれ自体によって（de se）このものなのではない。もしそれ自体によってこのものであるとしたら，他の個物の内に在るということが有り得ないことになってしまうからである。それゆえ人間の本性は，それに付け加えられたものによってこのものである。しかし，実在的に本性と異なるものによってではない。なぜならその場合には，同じ理由から，白さの本性も，その本性に付け加えられ，その本性と実在的に異なるものによってこのものであることになるが，その時には，この白さは実在的に複合されたものであることになる。これは偽であると考えられる。従って本性は，本性と形相的に（formaliter）異なる，本性に付け加えられたものによってこのものなのである。
　他面，その反対の論にいう。
　実在的に個物である本性が，実在的に普遍であることはない。従って，もしこの本性が実在的にこの個物であるとしたら，本性は実在的に普遍ではないことになるであろう。

OPINIO SCOTI

Ad istam quaestionem dicitur quod in re extra animam est natura eadem realiter cum differentia contrahente ad determinatum individuum, distincta tamen formaliter, quae de se nec est universalis nec particularis, sed incomplete est universalis in re et complete secundum esse in intellectu. Et quia ista opinio est, ut c r e d o, opinio S u b t i l i s D o c t o r i s, qui alios in subtilitate iudicii excellebat, ideo volo totam istam opinionem, quam sparsim ipse ponit in diversis locis, hic recitare distincte, verba sua quae ponit in diversis locis non mutando.

Et est de intentione i s t i u s D o c t o r i s quod praeter unitatem numeralem est unitas realis minor unitate numerali, quae convenit ipsi naturae quae est aliquo modo universalis. Et ideo potest natura contrahibilis p r i m o comparari ad ipsum singulare; s e c u n d o potest comparari ad unitatem numeralem; t e r t i o potest comparari ad esse universale; q u a r t o potest comparari ad unitatem minorem unitate numerali.

Si comparetur ad ipsum singulare, sic ponit i s t a o p i n i o quod natura non est de se haec sed per aliquid additum. Et secundo ponit quod illud additum non est negatio, quaestione 2; nec aliquod accidens, quaestione 3; nec actualis exsistentia, quaestione 4; nec materia, quaestione 5. Tertio, quod illud additum est in genere substantiae et intrinsecum individuo. Quarto, quod natura est prior naturaliter illo contrahente. Unde dicit: «Omnis

スコトゥスの見解

　この問いに対して，次のように言われている。外界の事物の側において，本性は，それを限定された個物へと特定化する個体的差異（differentia contrahens）と実在的（realiter）には同一であるが，形相的（formaliter）には異なる。この本性は，それ自体においては（de se）普遍でも個でもなく，本性は心の外の外界の事物の側においては不完全な意味で普遍であり，知性の内に存在する限りにおいてのみ完全な意味で普遍である[2]。こうした見解がまさに，私が思うに，考察の精妙さにおいて他の者に優っていた精妙なる博士（ドゥンス・スコトゥス）の見解である。それゆえ私は，彼がさまざまな箇所でばらばらに語っている見解全体を明確に，彼がさまざまな箇所で語った言葉通りに，変更を加えることなく，述べたいと思う。

　博士（ドゥンス・スコトゥス）の見解は次のごとくである。数的な一（unitas numeralis）以外に，或る仕方で普遍である本性に適合する，数的な一よりもより小さい（弱い）実在的な一（unitas realis minor）が存在する[3]。それゆえ，特定化されうる本性は，第一には，個物との関連において述べられることができる。第二に，数的な一との関連において述べられることができる。第三には，普遍との関連において述べられることができる。第四には，数的な一よりもより小さい（弱い）一との関連において述べられることができる。

　もし本性が個物との関連において述べられるならば，スコトゥスの見解は，「本性はそれ自身によって（de se）このものなのではなく，それに付け加えられたものによってこのものである」と主張する[4]。第二に，「この付け加えられたものは否定ではないし（第2問題）[5]，或る付帯性でもないし（第3問題）[6]，現実態としての存在（actualis exsistentia）でもないし（第4問題）[7]，また質料でもない（第5問題）[8]」とこの見解は主張する。第三にこの見解は，「付け加えられたものは実体の類に属し，個体に内在するものである」と主張する[9]。第四にこの見解は，「本性は，それを特定化するものよりも，本性的により前である」と主張する。それゆえスコトゥスは[10]，「或る類に属

entitas sive totalis sive partialis alicuius generis est de se indifferens ad hanc entitatem vel illam, ita quod ut est entitas quidditativa est prior naturaliter ista entitate ut haec est. Et ut prior est naturaliter, sicut non convenit sibi ex se quod sit haec, ita non repugnat sibi ex ratione sua suum oppositum. Et sicut compositum non includit illam entitatem qua est hoc compositum, ita materia in quantum materia non includit illam entitatem qua est haec materia; eodem modo de forma. Non est igitur ista entitas materia vel forma vel compositum, in quantum quodlibet istorum est natura, sed est ultima realitas entis quod est materia, et entis quod est forma, et entis quod est compositum; ita quod quodcumque commune, et tamen determinabile, adhuc potest distingui, quantumcumque sit una res, in plures realitates formaliter distinctas, quarum haec formaliter non est illa, et haec formaliter est entitas singularis, et illa formaliter est entitas naturae communis. Nec possunt istae entitates esse res et res sicut possunt esse realitates: realitas unde accipitur genus et realitas unde accipitur differentia, ex quibus realitas specifica accipitur quandoque; sed semper in eodem—sive parte sive toto—sunt realitates eiusdem rei formaliter distinctae».

Ex isto patet quod circa istam differentiam contrahentem point ista positio: quod differentia individualis non est quidditativa. Secundo, quod natura est prior naturaliter ista differentia contrahente. Tertio, quod naturae de se non repugnat oppositum istius differentiae individualis, scilicet alia differentia individualis, sicut nec sibi convenit ex se ista differentia individualis. Quarto, quod hoc est verum universaliter tam in toto quam in partibus suis,

するすべての存在性〔本性〕は——部分的であれ全体的にであれ——、それ自体としてはこの存在性とかあの存在性とかに対しては中立（indifferens）であり、従って、〈何性・本質的存在性として〉ある限りにおいて、それは、このものとしてある限りでのこの存在性よりも本性的により前である。そして、本性的により前である限りにおいて、このものであるということが本性それ自体に適合しないのと同様に、その特質からして、それと反対のものであるということも本性それ自体に反することではない。それゆえ、形相と質料の複合体は〔本性である限りにおいて〕、それによってこの複合体となる個的存在を含んでいない。同様に質料も、本性である限りにおいて*11)、それによってこの質料となる個的存在を含んでいないのであり、形相も同様である。それゆえ、質料も形相も複合体も、それらの各々が本性である限りにおいては、個的存在ではない。むしろ質料が、形相が、あるいはそれらの複合体がそれとしてあるところの存在の究極的な存在性（ultima realitas entis）こそが個的存在なのである。従って、共通であるが限定されることが可能な各々のものはすべて、如何にそれが一つのもの（res）としてあるとしても、形相的に区別された複数の存在性（realitates formaliter distinctae）へとさらに区別されうるのであって、それらの一方は形相的に他方ではなく、一方は形相的に個別の存在性であり、他方は形相的に共通本性の存在性である。これら二つの存在性は、そこから類が取られる存在性と、そこから種的差異が取られる存在性（或る場合には、それらから種の存在性が取られる）との場合のように、ものともの（res et res）としてあることはできない*12)。それらは常に——部分においてであれ、全体においてであれ——同一のもののうちにあって、同一のもの（res）に属する形相的に区別された二つの存在性（realitates eiusdem rei, formaliter distinctae）である」と述べている。

　以上から、次のことが明らかである。スコトゥスの見解は、本性を特定化する差異に関して、「個体的差異は、何性・本質的存在性（quidditativa）ではない」と主張する。第二にスコトゥスの見解は、「本性はそれを特定化する差異よりも、本性的により前である」と主張する。第三にスコトゥスの見解は、「この個体的差異が本性それ自体に適合しないのと同様に、この個体的差異と反対のもの、すなわち他の個体的差異を持つことも本性それ自体に反することではない」と主張する。第四にスコトゥスの見解は、「このことは、その全体においてであれ、部分においてであれ、一般的に真である」と主張する。同じくまた、この見解は、「個体的差異と本性は、ものともの（res et res）として

et similiter quod differentia individualis et natura non distinguuntur sicut res et res. Quinto, quod tantum distinguuntur formaliter. Sexto, ponit a l i b i quod natura est realiter alia et alia cum alio et alio contrahente. Unde dicit sic: «Omnis substantia per se exsistens est propria illi cuius est, hoc est, vel est ex se ipsa propria vel per aliquid contrahens facta propria; quo contrahente posito, non potest inesse alteri, licet non repugnet sibi ex se inesse alteri». Unde propter hoc dicit i p s e quod idea quae imponitur Platoni non est substantia Sortis. Unde sequitur i b i d e m: «Idea non erit substantia Sortis, quia nec natura Sortis, quia nec ex se propria nec appropriata Sorti ut tantum sit in eo, sed est etiam in alio secundum ipsum», scilicet in Platone. Consimiles sententias ponit a l i b i in diversis locis.

Si autem ista natura comparetur ad unitatem numeralem, similiter ponit quod natura non habet ex se unitatem numeralem, nec est illud quod immediate denominatur quacumque unitate reali. Est tamen realiter una numero. Nec est realiter aliquid unum quacumque unitate reali in duobus individuis sed in uno tantum. Unde dicit sic: «Concedo quod unitas realis non est alicuius exsistentis in duobus individuis sed in uno. Et cum obicis, 'quidquid est in eodem numero est idem numero', respondeo primo in alio simili manifestiori, 'quidquid est in una specie est unum specie, color igitur in albedine est unum specie, igitur non habet unitatem minorem unitate speciei', non sequitur; nam, sicut a l i a s dictum est, aliquid potest dici animatum denominative, sicut corpus, vel per se primo modo, ut homo, et ita superficies dicitur alba denominative, et superficies alba dicitur alba per se primo

異なるのではない」と主張する。第五にスコトゥスの見解は、「これらは単に形相的にのみ区別される」と主張する。第六にスコトゥスは他の箇所で*13)、「本性はそれを特定化する別々の個体的差異と結合することによって、別々のものになる」と主張している。それゆえ彼は、「すべての自存する実体は、それが属する事物に固有なものである。すなわち、実体が自らによって固有なものなのであれ、あるいは何らかの特定化するものによって或る事物に固有なものとされるのであれ、たとえ他の事物に内在することが実体それ自体に反しないとしても、特定化する原理がいったん置かれるならば、実体は他の事物に内在することができないからである」と語っている。それゆえスコトゥスは、「プラトンの説だとされているイデアというものがソクラテスの実体なのではない」と述べて、続けて同じ箇所で、「イデアはソクラテスの本性ではないのであるから、ソクラテスの実体ではないことになるであろう。プラトンによれば、イデアはそれ自体によってソクラテスに固有なものでも、彼の内にのみ存在するようにソクラテスに固有なものとされるのでもなく、他の者（すなわちプラトン）の内にも存在するのだからである」と語っている。スコトゥスは他の書においても、さまざまな箇所で、類似の説を主張している。

　他方、もし本性が数的な一との関連において述べられるならば、同様に、「本性はそれ自身によって数的な一を持つのでも、何であれそのような実在的な数的な一によって直接に一と呼ばれるものでもない」とスコトゥスの見解は主張する。しかし本性は実在的には数的な一である。更に、本性は二つの個物の内に存在している何らかの実在的な一によって実在的に一なのではなく、ただ一つ個物の内に存在している実在的な一によって実在的に一である。それゆえスコトゥスは*14)、「このようなより小さい（弱い）実在的な一は、二つの個物の内に存在している或るものに属するのではなく、一つの個体の内にあるものであることを、私は真として認める。もしあなたが、〈数的に同一の個体の内にあるものはすべて、数的に同一なはずである〉と反論する場合には、私は先ず第一に、それと類似な、別のより明白な例によって次のように答える。〈同一の種においてあるものはすべて、種において一である。それゆえ、白という種においてある色は、種において一である。従って色は、白という種の一よりもより小さい（弱い）一を持つことはない〉という推論は成立しない。なぜなら他の所で述べられたごとく、或るもの、例えば身体は派生的（denominative）に〈魂のあるもの〉と呼ばれ、あるいは例えば人間は、自体的に第一の仕方で〈魂のあるもの〉と呼ばれうるのだからである。同じく表面は、派生的

modo quia subiectum includit praedicatum. Ita dico quod potentiale quod contrahitur per actuale, informatur ab illo actuali, et per hoc informatur ab illa unitate consequente illam actualitatem sive illum actum. Et ita est unum unitate propria illius actualis; sed denominative est sic unum, non autem est de se sic unum neque primo neque per partem essentialem. Color igitur in albedine est unus specie, sed non de se, nec per se, nec primo, sed denominative tantum. Differentia autem specifica est una primo, quia sibi primo repugnat dividi in plura specie. Albedo autem est una specie per se sed non primo, quia per aliquid intrinsecum sibi, ut per illam differentiam. Ita concedo quod quidquid est in hoc lapide est unum numero, vel primo, vel per se, vel denominative. Primo forte, ut illud per quod unitas talis convenit huic composito. Per se, ut hic lapis, cuius illud quod est primo unum hac unitate est pars. Denominative tantum, [ut] illud potentiale quod perficitur isto actuali quod quasi denominative respicit actualitatem eius et unitatem».

Si autem, tertio modo, natura comparetur ad esse universale, sic ponit quod de se non est complete universalis sed secundum quod habet esse in intellectu. Secundo, quod de se convenit sibi communitas, non singularitas. Unde dicit sic : «Universale in actu est illud quod habet aliquam unitatem indifferentem secundum quam ipsum est in potentia proxima ut dicatur de quolibet suppo-

に〈白いもの〉と呼ばれ，主語（白い表面）は述語（白い）を含んでいるがゆえに，白い表面は自体的に第一の仕方で（per se primo modo）〈白いもの〉と呼ばれるのだからである。それと同様に，私は次のように言う。現実態においてあるもの〔すなわち個体的差異〕によって特定化される可能態においてあるもの〔共通本性〕は，この現実態におけるものによって形相づけられ，それゆえ，この現実態に伴っている一〔数的な一〕によって形相づけられている。かくして本性は，この現実態におけるもの〔個体的差異〕に固有な一〔数的な一〕によって一である。しかしながら本性は，派生的（denominative）にこのような数的な一なのであって，決してそれ自体において（de se）数的な一なのでも，第一の仕方において（primo）数的に一なのでも，本質的に（per partem essentialem）数的な一なのでもない。それゆえ，白さにおいてある色は種において一であるが，しかしそれ自体において一なのでも，自体的に一なのでも，第一に一なのでもなく，ただ派生的にのみ一なのである，他方，種差は第一に一である。種において多くのものへと分割されることは，第一に種差そのものに反するからである。更に白さは，自体的に種において一であるが，しかし第一に一なのではない。白さに内在するもの，その種差によって一だからである。従って，私は次のことを認める。この石の中に存在するものは何であれ，数的に一である。或るものは第一に（primo）数的に一であり，或るものは自体的に（per se）数的に一であり，或るものは派生的（denominative）に数的に一である。おそらく第一には，それによってこのような数的な一が結合体に属するところのもの〔すなわち個体的差異〕が第一に数的に一である。次に，この数的な一によって第一に一である個体的差異がそれの部分であるところの，この石が自体的に数的に一である。他方，現実態においてあるもの〔すなわち個体的差異〕によって完成される，可能態においてあるもの〔すなわち本性〕は，いわば派生的にその現実態や一性に関わっており，それゆえ，本性は単に派生的にのみ数的に一である」と述べている。

　第三に，もし本性が普遍との関連において述べられるならば，「本性はそれ自体においては完全な意味で普遍ではなく，知性の内に存在を持つ限りにおいてのみ普遍である」とスコトゥスの見解は主張する。次に，「個別ではなく，共通であることが本性それ自体に適合する」とスコトゥスの見解は主張する。それゆえスコトゥスは[*15]，「現実態における普遍（universale in actu）は，すべての個別的なものに対して中立的な一を有するものであり，この一によって，それがすべての個体に述語づけられうる直接的なちからを持つ。なぜな

sito, quia, secundum P h i l o s o p h u m, I *Posteriorum* 'universale est quod est unum in multis et de multis'. Nihil autem secundum quamcumque unitatem in re est tale quod secundum illam unitatem praecise sit in potentia proxima ad quodlibet suppositum praedicatione dicente 'hoc est hoc', quia licet alicui exsistenti in re non repugnet ex se esse in alia singularitate ab illa in qua est, non tamen illud vere potest dici de quolibet inferiori, videlicet quod quodlibet est ipsum. Hoc enim solum est possibile de eodem obiecto numero considerato actu ab intellectu; quod quidem, ut intellectum, habet unitatem etiam numeralem obiecti secundum quam ipsum idem est praedicabile de omni singulari dicendo 'hoc est hoc'». Et subdit quod «Est in re commune quod non est de se hoc, et per consequens de se ei non repugnat non-hoc. Sed tale commune non est universale in actu, quia deficit illa indifferentia secundum quam universale completive est universale, secundum quam scilicet ipsum idem aliqua identitate est praedicabile de quolibet individuo ita quod quodlibet sit ipsum».

Item, i b i d e m subdit quod «non ita se habent communitas et singularitas ad naturam sicut esse in intellectu et esse verum extra animam, quia communitas convenit naturae extra intellectum, et similiter singularitas. Et communitas convenit ex se naturae; singularitas autem convenit naturae per aliquid in re contrahens ipsam. Sed universalitas non convenit rei ex se, et ideo concedo quod quaerenda est causa universalitatis; non tamen quaerenda est causa communitatis alia ab ipsa natura. Et posita communitate in ipsa natura secundum propriam entitatem et unitatem,

ら，アリストテレスの『分析論後書』第1巻によれば，〈普遍とは多くのものにおける一，多くのものについての一だからである〉。しかし外界の事物においては，如何なる一によってであれ，確然たる一によって，すべての個体に対して，〈これはこれである〉という述語づけがなされうるような直接的なちからを持つものは存在しない。なぜなら，外界の事物のうちに存在する〔本性〕が，今現にそのうちに存在している個物〔A〕とは別な個物〔B〕のうちに存在するということは本性それ自体に反することではないけれども，しかしそのようなもの〔本性〕は，〈すべてのもの〔A，B，……〕はこれである〉と言うように，すべての下位の事物に真に述語づけられうるものではないからである。このことは，知性によって現実に考察されている，数的に同一な知性認識の対象にのみ可能である。対象は，知性認識されているものとして，対象の数的な同一性を有しており，この一性に基づいて，〈これはこれである〉と言うように，同一のものがすべての個体に述語づけられうるからである」と述べ，更に続けて「本性は外界の事物において共通であり，このような共通なもの〔本性〕はそれ自体においてはこのものではない。従って，このものではなく，他のもの・あのものであることは，〔本性〕それ自体に反することではない。しかしながら，このような共通なもの〔本性〕は現実態における普遍（universale in actu）ではない。なぜなら，それによって普遍が完全な意味での普遍となる，すべての個別的なものに対する中立性——すなわち，或る同一性によって，「すべてのものはこれである」と言うように，同じものがすべての個物に述語づけられうる中立性——を，このような共通なもの〔本性〕は欠いているからである」と述べている[*16)]。

同様に，スコトゥスは同じ書において付け加えて，「共通性と個別性とが本性に対する関係は，知性の中の存在と心の外の真なる存在とが本性に対する関係と同じではない。なぜなら，共通性も，同様に個別性も，知性の外の本性に属するからである。ただし共通性は，本性に，本性それ自身によって属するのに対して，個別性は事物の中の，本性を特定化するものによって本性に属する。他方，普遍性は事物それ自体に属するものではない。それゆえ私は，普遍性の原因が求められるべきであることを認めるが，しかし本性そのもの以外に，共通性の原因が求められる必要はないのである。そして本性そのものの内に，それに固有の存在性と一性に基づいて共通性が措定されるならば，その本性に何らかのものを付け加えて，個別性がそれに属するようにする，本性が個別であることの原因を当然求めなくてはならない」と述べている[*17)]。

necessario oportet quaerere causam singularitatis quae superaddit aliquid ipsi naturae cuius est».

Si, quarto, comparetur natura ad unitatem minorem unitate numerali, sic ponit quod ista unitas non est infra rationem quidditativam naturae, sed praedicatur de ea secundo modo dicendi per se. Unde dicit sic : «Hoc modo intelligo naturam habere unitatem realem minorem unitate numerali, licet non habeat eam de se, ita quod sit intra rationem naturae, quia equinitas est tantum equinitas, secundum A v i c e n n a m, V *Metaphysicae*; tamen illa unitas est propria passio naturae secundum entitatem suam primam».

第四に，もし本性が数的な一よりもより小さい（弱い）一との関連において述べられるならば，「この一性は，本性が何であるかという本質の内に含まれることはないが，自体的に第二の仕方で本性に述語づけられるものである」とスコトゥスの見解は主張する。それゆえスコトゥスは*[18]），「次の意味で〈本性は，数的な一よりもより小さい（弱い）一を持つ〉と私は理解する。アヴィセンナ『形而上学』第5巻によれば，〈馬性は単なる馬性である〉のだから，本性がこのより小さい（弱い）一をそれ自体において持ち，このような一が本性の本質の内に含まれるということはないが，しかし，このような一は，本性の第一義的な存在に基づいて，本性に固有な属性である」と述べている。

ARGUMENTA PRO CONCLUSIONE PRINCIPALI SCOTI

Pro conclusione principali istius opinionis arguitur m u l t ip l i c i t e r. P r i m o sic:«Quidquid inest alicui ex sua ratione per se inest ei in quocumque; igitur si natura hominis de se esset haec, in quocumque esset natura hominis illud esset hic home».

S e c u n d o, quia «cui de se convenit unum oppositum, eidem de se repugnat aliud oppositum; igitur si natura de se est una numero, ex se sibi repugnat multitudo numeralis».

T e r t i o sic: «Obiectum in quantum obiectum est prius naturaliter actu, et in illo priori est de se singulare, quia hoc semper convenit naturae non acceptae secundum quid sive secundum esse quod habet in anima; igitur intelligens illud obiectum sub ratione universalis intelligit ipsum sub ratione opposita suae rationi», in quantum scilicet universale, «quia ut praecedit actum determinatur ad oppositum illius rationis», scilicet universalis.

Q u a r t o sic: «Cuiuscumque unitas realis propria et sufficiens est minor unitate numerali, illud non est de se unum unitate numerali, sive non est de se hoc; sed naturae exsistentis in isto lapide est unitas propria realis sive sufficiens unitas minor unitate numerali; igitur etc. Maior de se patet, quia nihil est de se unum unitate maiori unitate sibi sufficiente. Nam si propria unitas, quae debetur alicui de se, sit minor unitate numerali, unitas numeralis

スコトゥスの主要な結論のための論証

　この見解の主要な結論のために，多くの仕方で論証が行われている。第一に，次のごとく論証される[*19]。その本質に基づいて自体的に或るものに属する事柄はいずれも，如何なる事物においても，そのものに属する。それゆえ，もし人間の本性が自体的に〈このもの〉であるとしたら，如何なる事物において人間の本性が存在するとしても，それは〈この人間〉であることになってしまうであろう。

　第二に，次のごとく論証される[*20]。相対立するものの一方が自体的に適合するところのものに，対立するもう一方は自体的に矛盾する。それゆえ，もし本性が自体的に数的に一であるとしたら，数的に多であることは自体的に本性に矛盾することになってしまう。

　第三に，次のごとく論証される[*21]。〔あなたによれば，〕対象は，対象である限りにおいて，認識の働きよりもより前であり，より前であることにおいて，対象はそれ自体で個である。なぜなら，或る限られた仕方で，すなわち心の中に持つ存在に基づいて解されない限り，個であることは，本性に常に属するからである。しかし，もしそうだとすれば，その対象を普遍という性質において認識する知性は対象を，対象自身の持つ性質とは反対の性質において（すなわち普遍において）認識していることになってしまうであろう。対象は認識の働きに先立つものとして，その性質（すなわち普遍）とは反対なものとして規定されているからである。

　第四に，次のごとく論証される[*22]。それにとって固有で充分な実在的な一が，数的な一よりもより小さい（弱い）一であるものは，それが何であろうと，それ自体で数的な一によって一であることはないし，あるいはそれ自体でこのものであることもない。しかるに，この石の中に存在している本性にとって固有な，実在的な充分な一は，数的な一よりもより小さい（弱い）一である。従って，云々。大前提はそれ自体からして明白である。何物もそれ自体で，自らにとって充分な一よりも，より大きな（強い）一性によって〈一〉であることはない。なぜなら，もし固有な一性，すなわち或るものそれ自体に帰属されるべき一性が，数的な一よりも小さい（弱い）とするならば，数的な一

non convenit sibi ex natura sua et secundum se; aliter praecise ex natura sua haberet maiorem et minorem unitatem, quae circa idem et secundum idem sunt opposita, quia cum unitate minori potest stare multitudo opposita sine contradictione maiori unitati, quae multitudo non potest stare cum maiori unitate, quia sibi repugnat, igitur etc. Probatio minoris, quia si nulla est unitas naturae realis minor singularitate, et omnis unitas alia ab unitate singularitatis et naturae specificae est minor unitate reali, igitur nulla erit unitas realis minor unitate numerali. C o n s e q u e n s falsum, sicut probabo q u i n q u e vel s e x   v i i s; igitur etc».

«P r i m a   v i a est talis : secundum P h i l o s o p h u m, X *Metaphysicae*, 'In omni genere est unum primum quod est metrum et mensura omnium quae sunt illius generis'. Ista unitas primi mensurantis est realis, quia P h i l o s o p h u s probat quod uni convenit prima ratio mensurandi. Et declarat per ordinem quomodo illud est unum cui convenit ratio mensurandi in omni genere. Ista etiam unitas est alicuius in quantum est primum in genere, quia mensurata sunt realia et realiter mensurata; ens autem reale non potest realiter mensurari ab ente rationis; igitur. Ista realis unitas non est singularitatis, quia nullum est singulare in genere quod sit mensura omnium illorum quae sunt in genere. | § Nam, secundum P h i l o s o p h u m, III *Metaphysicae*, in individuis eiusdem speciei non est hoc prius et illud posterius; quod 'prius', licet C o m m e n t a t o r aliter exponat de priori constituente posterius, tamen nihil ad *b*, quia intentio P h i l o s o p h i est ibi concordare cum P l a t o n e, quod in individuis eiusdem speciei non est ordo essentialis etc. Nullum igitur individuum est per se

が或るものに，その本性に基づいて自体的に適合することはないからである。さもなくば，或るものはまさに本性的に，より大きな（強い）一とより小さな（弱い）一の両方を持つことになるが，しかしこれらの一は，同じものに関して，同じ点において相対立するものである。より小さな（弱い）一は矛盾することなく，より大きな（強い）一に対立する多と両立可能である。他方，多は，より大きな（強い）一と反対なものであるがゆえに，より大きな（強い）一と両立可能ではない。従って，云々。小前提の証明。もし本性の持つ〈実在的な一〉が個体性よりも小さい（弱い）ものではなく，そして個体性の一や種的本性の一以外の他の一はすべて，実在的な一よりもより小さい（弱い）とするならば，数的な一よりも小さい（弱い）実在的な一は存在しないことになるであろう。しかし，この結論は偽である。このことを私は，五つあるいは六つの方法で論証する。従って，云々。

〔数的な一よりもより小さい（弱い），実在的な一が存在することを証明する〕第一の方法は，次のごとくである。哲学者アリストテレスの『形而上学』第10巻によれば，「すべての類には，その類に属しているすべてのものの原理であり尺度である，第一の〈一なるもの〉が存在する」。この第一の尺度である一は，実在的なものである。哲学者アリストテレスは，第一の尺度であるという特質が，この〈一なるもの〉に属することを証明し，順々に，すべての類において，尺度という特質が属するところのものが如何なる仕方で〈一なるもの〉であるかを示している。この一は，類において〈第一のもの〉であるがゆえに，或るものに対して一なるものである。それは，実在するものでなければならない。なぜなら，測られる物は実在するものであり，実在的に測られるものである。しかるに，実在的に存在する物が観念的な存在によって実在的に測られるということはありえない。それゆえ，尺度である〈一なるもの〉は，実在するものである。この一は，個物の持つ一ではない。なぜなら，類の個物であるものが，その類に属しているすべての物の尺度であることはないからである。すなわち，哲学者アリストテレスの『形而上学』第3巻によれば，「同じ種に属している諸々の個物の間においては，それらのうちのこの個物があの個物よりもより前であるとか，より後であるとかいうことはない。ここでの〈より前〉ということを注釈者アヴェロエスは，異なった仕方で，より後なるものを構成している〈より前〉の意味に解釈しているが，こうした解釈はb（小前提の議論）に適合しない*23)。……*24)同じ種に属している諸々の個物の間に，本質的な序列が存在することはないと主張している点で，アリストテレス

mensura eorum quae sunt in specie sua; igitur nec unitas numeralis sive individualis».

«Praeterea, s e c u n d o probo quod idem consequens sit falsum, quia secundum P h i l o s o p h u m VII *Physicorum*, in specie atoma fit comparatio, quia est una natura; non autem in genere, quia genus non habet talem unitatem. Ista differentia non est unitatis secundum rationem, quia conceptus generis est [ita] numero unus apud intellectum sicut conceptus speciei, alioquin nullus conceptus diceretur in quid de multis speciebus, et ita nullus conceptus esset genus, sed tot essent conceptus dicti de speciebus quot sunt conceptus specierum, et tunc in singulis praedicationibus idem praedicaretur de se. Similiter unitas conceptus vel non-conceptus nihil ad intentionem P h i l o s o p h i ibi, scilicet ad comparationem vel non. Igitur intendit ibi naturam specificam esse unam unitate naturae specificae; non autem intendit ipsam esse sic unam unitate numerali, quia in illa non fit comparatio; igitur etc.»

«Praeterea, t e r t i o : secundum P h i l o s o p h u m V *Metaphysicae*, cap. de 'Ad aliquid', idem, simile et aequale fundantur super unum. Sed relatio non est realis nisi habeat fundamentum reale et rationem fundandi realem; igitur unitas quae requiritur in fundamento relationis similitudinis est realis et non numeralis, quia nihil unum et idem est simile vel aequale sibi ipsi».

«Praeterea, q u a r t o: unius oppositionis realis sunt duo prima extrema realia; sed contrarietas est oppositio realis. Quod patet, quia unum realiter corrumpit alterum, circumscripto omni opere intellectus, et nonnisi quia sunt contraria; igitur utrumque

の意図していることは，プラトンと同じである。従って，或る個物がそれ自体において，同じ種に属している他の諸々の個物の尺度であることはない。かくして，尺度である一は，数的な一でも，個物の一でもない。

　さらに第二の方法は次のごとくである*25)。同じ結論〔数的な一よりもより小さい（弱い），実在的な一は存在しない〕が偽であることを，私は次のように証明する。哲学者アリストテレスの『自然学』第7巻によれば，最下位の種において比較が行われる。最下位の種は一つの本性だからである。しかし，類においては比較が行われない。類はこのような一性を持たないからである。この相違は，概念の上での一の相違ではない。類の概念は，種の概念と同じように，知性の下では数的に一だからである。もしそうでないとしたら，或る概念が多くの種に，その何であるかという点に関して述語づけられるということがなくなり，それゆえ如何なる概念も類ではないということになり，存在する種の概念と同数の概念が，種に述語づけられることになってしまうであろう。なぜなら，その場合には，それぞれの述語づけにおいて，同じものが同じものに述語づけられることになるからである。同じくまた，概念上の一であるということ，あるいはないということは，哲学者アリストテレスのここでの意図，すなわち比較が行われるか否かという問題とは無関係である。哲学者アリストテレスがそこで言わんと意図していたのは，種の本性は種の持つ一性によって一であるということであって，種の本性が数的な一性によって一であるということではない。なぜなら，数的な一においては，比較は行われないからである。従って云々。

　さらに第三の方法は次のごとくである*26)。哲学者アリストテレスの『形而上学』第5巻の関係についての章によれば，同一とか類似とか等しいといった関係は〈或る一〉に基づいている。……しかるに，その関係が実在的であるのは，実在的な根拠・関係を根拠づけている実在的な基礎づけを有するからなのであり，それゆえ，類似の関係の根拠として必要とされる〈一〉もまた，実在的である。しかし，この〈一〉は数的な一ではない。なぜなら，同一の事物が自己自身と類似しているとか，等しいということはないからである。

　さらに第四の方法は次のごとくである*27)。一つの実在的な対立関係には，その関係を構成する二つの第一の実在的な項が存在する。しかるに，反対であることは実在的な対立関係である。このことは明らかである。なぜなら，知性の働きがまったくなくても，反対なものの一方は他方を実在的に消滅させるからであり，それはまさに，両者が反対のものだからである。従って，このよう

primum extremum huius oppositionis est reale. Ut autem est extremum, est unum aliqua unitate reali et non numerali, quia tunc praecise hoc album vel praecise illud album esset primum contrarium nigro, quod est inconveniens; tunc enim essent tot contrarietates primae quot individua».

p.171 «Praeterea, q u i n t o: unius actionis sensus est obiectum unum secundum aliquam unitatem realem sed non numeralem; igitur est aliqua alia unitas realis. Probatio minoris[1], quia potentia cognoscens obiectum sic, in quantum videlicet hac unitate unum, cognoscit ipsum in quantum distinctum a quolibet quod non est unum illa unitate. Sed sensus non cognoscit obiectum in quantum est distinctum a quolibet quod non est unum illa unitate numerali, quia nullus sensus distinguit hunc radium solis differre numeraliter ab alio radio, cum tamen sint diversi propter motum solis. Sed circumscribantur omnia sensibilia communia, puta diversitas loci vel situs, etsi ponerentur duo quanta simul esse per potentiam divinam quae etiam essent omnino similia et aequalia in albedine, visus non distingueret ibi esse duo alba. Si tamen cognosceret alterum illorum in quantum est unum unitate numerali, cognosceret ipsum in quantum est unum distinctum unitate numerali».

«Posset igitur iuxta hoc argui de primo obiecto sensus quod est unum in se aliqua unitate reali, saltem de obiecto unius actus sentiendi, quia sicut obiectum huius potentiae in quantum obiec-

---

1) 全集版では'maioes'となっているが、前後の文脈から'minoris'と読む。

な対立関係を構成する第一の項はいずれも実在的であり，実在的な対立関係を構成する項である以上，何らかの実在的な一によって〈一〉である。しかしそれは，数的な一によって一なのではない。なぜなら，もし数的な一によって一であるとすると，まさにこの白いものがこの黒いものと第一に反対であることになる。あるいは，まさにあの白いものがあの黒いものと第一に反対であることになる。しかし，これは不適切である。その場合には，相対立する個物と同じだけの数の，第一の反対性が存在することになってしまうからである。従って，云々。

さらに第五の方法は次のごとくである*28)。一つの感覚の働きには，或る実在的な一性に基づいて一つの対象が存在する。しかしその一性は，数的な一ではない。それゆえ，数的な一以外に，或る別な実在的な一が存在する。小前提の証明。対象を次のような仕方で，すなわち，〈この一〉によって一である限りにおいて認識する能力は，この一によって一ではない他のどんな物からも区別された物として，対象を認識する。しかるに感覚が対象を，この数的な一によって一ではない他のどんな物からも区別された物として認識することはない。なぜなら，光線は太陽の運動のゆえに相異なるものであるにもかかわらず，感覚はこの太陽の光線を他の光線から数的に異なるものとして識別することはないからである。あるいは，共通感覚の対象となるすべてのもの，例えば場所や位置の相違が除かれて，まったく類似しており白さの点で等しい二つの，量を持つ事物が同時に神の力によって存在するとされた場合，視覚はそこにおいて，これら二つの白い物を見分けることができないからである。もし視覚がこれらのうちの一方を，数的な一によって一であるものとして認識しているとすれば，視覚はそれを，数的な一によって他から区別された一つのものとして認識するはずである。

同様に*29)このことは，感覚の第一の対象に関しても，少なくとも一つの感覚の働きの対象である限り，それがそれ自体で何らかの実在的な一によって一つのものであるということが次のように論証されうる。この能力の対象は，それが対象である限りにおいて，知性に先立って存在するものであり，それと同様に，対象は自らの実在的な一性に基づいて，あらゆる知性の働きに先立って存在する。

tum praecedit intellectum, ita etiam secundum unitatem suam realem praecedit omnem actum intellectus».

«Praeterea, s e x t o, quia si omnis unitas realis est numeralis, igitur omnis diversitas realis est numeralis. Consequens est falsum, quia omnis diversitas numeralis in quantum numeralis est aequalis, et ita omnia essent aeque distincta, et tunc non plus posset intellectus abstrahere a Sorte et Platone aliquid commune quam a Sorte et linea, et esset quodlibet universale purum figmentum intellectus. Prima consequentia probatur d u p l i c i t e r: primo, quia unum et multa, idem et diversum, sunt opposita, ex X *Metaphysicae*, cap. 5; quotiens autem dicitur unum oppositorum totiens dicitur et reliquum, ex I *Topicorum*; igitur cuilibet unitati correspondebit sua propria diversitas. Probatur secundo, quia cuiuslibet diversitatis utrumque extremum est in se unum et eo modo quo est unum in se videtur esse diversum a reliquo extremo, ita quod unitas extremi unius videtur esse per se ratio diversitatis alterius extremi».

«C o n f i r m a t u r etiam aliter, quia si tantum est in hac re unitas realis numeralis, quaecumque unitas est in re illa est ex se una numero; igitur istud et illud secundum omnem entitatem in eis sunt primo diversa, quia in nullo uno aliquo modo convenientia».

«C o n f i r m a t u r etiam per hoc, quod diversitas numeralis est 'hoc singulare non esse illud singulare', supposita tamen entitate utriusque extremi. Sed talis unitas est necessario alterius extremi».

«Praeterea, nullo exsistente intellectu, ignis generaret ignem et corrumperet aquam; et aliqua unitas esset realis generantis

さらに第六の方法は次のごとくである*30)。もしすべての実在的な一が数的な一であるとするならば，すべての実在的な相違も数的なものであることになる。しかし，この結論は偽である。なぜなら，すべての数的な相違は，数的なものである限り，その相違の程度は等しいのであり，それゆえ，すべての事物は等しく異なっていることになる。従ってその場合には知性は，ソクラテスと線よりも，ソクラテスとプラトンから或る共通なものを抽象するということができなくなり，普遍であるものはいずれも，知性の全くの虚構であることになってしまうからである。最初の推論は，二通りの仕方で証明される。第一には，次のごとくである。『形而上学』第10巻第5章によれば，一と多，同一と相違は相対立するものである。しかるに，『トピカ』第1巻によれば，相対立するものの一方が多義的に語られるのと同じ多くの仕方で，もう一方も語られる。それゆえ，どの同一性にも，それに固有な相違が対応する。第二に，次のように証明される。如何なる相違においても，その関係を構成する項は両者いずれも，それ自体において一である。しかるに，相違の関係を構成する項は，それによって項がそれ自体で一つのものである，まさにそれと同じ仕方で，一方の項は他の項から相違していると考えられる。それゆえ一方の項の一性が，他の項との相違の自体的な根拠となっていると考えられる。

最初の推論*31)は，さらに別の仕方で確証される。もしこの事物の内に実在的な数的な一のみが存在するとしたら，その場合には，その事物の内に存在する一性は如何なるものであろうとも，それ自体が数的な一である。従って，これらの事物のあらゆる存在性において，この物とあの物の相違が第一義的な相違であることになる。なぜなら，相違する物が何らかの〈一〉において一致することはなくなるからである。

さらに*32)，次のごとく確証される。数的な相違とは，この個物があの個物ではないということであり，その場合，相違の関係を構成している両方の項の存在が前提されている。しかるに，このような数的な一は，当然，もう一方の項にも属している。

さらに*33)，次のように証明される。知性が存在していなくても，火は火を生じ，水を滅ぼす。こうした生成するものと生成されるものとの間には，形相

ad generatum secundum formam propter quam esset generatio univoca; intellectus vero considerans non facit generationem esse univocam».

Praeterea, A v i c e n n a, V *Metaphysicae*, dicit quod equinitas est tantum equinitas, et quod nec est de se una nec plures, nec universalis nec particularis, igitur etc.

Praeterea, impossibile est idem eodem omnino a parte rei realiter differre ab aliquo et realiter convenire cum eodem; sed Sortes realiter differt a Platone et realiter convenit cum eodem; igitur etc. § |

に基づく或る実在的な一性が存在し，その同一の形相のゆえに，生成は一義的である。考察する知性が，生成を一義的にするのではない。

さらに[*34)]，アヴィセンナは『形而上学』第5巻のなかで，「馬性は単なる馬性である。それ自身では一でもないし多でもないし，普遍でもないし個でもない」と述べている。それゆえ，云々。

さらに，実在的に全く同一のものによって，或る事物（A）が他の事物（B）と実在的に異なり，同時にまた実在的に一致するということは不可能である。しかるに，ソクラテスはプラトンと実在的に異なり，同時にまた，実在的に一致する。それゆえ，〔ソクラテスはプラトンと，或るものによって実在的に異なり，別なものによって実在的に一致する。〕[*35)]

CONTRA OPINIONEM SCOTI

Contra istam opinionem potest argui d u p l i c i v i a; primo, quia impossibile est in creaturis aliqua differre formaliter nisi distinguantur realiter; igitur si natura aliquo modo distinguitur ab illa differentia contrahente, oportet quod distinguantur sicut res et res, vel sicut ens rationis et ens rationis, vel sicut ens reale et ens rationis. Sed primum negatur ab i s t o, et similiter secundum, igitur oportet dari tertium; igitur natura quae quocumque modo distinguitur ab individuo non est nisi ens rationis. Antecedens patet, quia si natura et illa differentia contrahens non sint idem omnibus modis, igitur aliquid potest vere affirmari de uno et negari a reliquo; sed de eadem re in creaturis non potest idem vere affirmari et vere negari; igitur non sunt una res. Minor patet, quia si sic, perit omnis via probandi distinctionem rerum in creaturis, quia contradictio est via potissima ad probandum distinctionem rerum. Igitur si in creaturis ab eadem re, |§ vel ab eodem pro eadem re, §| potest omnino idem vere negari et vere affirmari, nulla distinctio realis potest probari in eis. Confirmatur, quia omnia contradictoria habent aequalem repugnantiam; sed tanta est repugnantia inter esse et non-esse quod si *a* est et *b* non est, sequitur quod *b* non est *a*; igitur sic de quibuscumque contradictoriis.

スコトゥスの見解に対する反論

　このスコトゥスの説に対して，二通りの仕方で反論することができる。第一に，被造物においては，形相的（formaliter）に異なるものは必然的に，実在的（realiter）に異なる。それゆえもし本性が，それを特定化する差異と何らかの仕方で異なるとしたら，それらは，①二つの異なったもの（res et res）として異なるのか，あるいは②二つの異なった概念的に存在するもの（ens rationis et ens rationis）として異なるのか，あるいは③外界に実在的に存在するものと概念的に存在するもの（ens reale et ens rationis）として異なるのか，いずれかでなければならない。①は彼自身によって否定されており，②も同様である。従って，③が認められなくてはならない。しかし，その場合には，如何なる仕方においてであれ個物と区別された本性は，概念的に存在するものに他ならないことになってしまう。前件命題〔被造物においては，形相的（formaliter）に異なるものは必然的に，実在的（realiter）に異なる〕は明らかである。なぜなら，もし本性と特定化する差異が全く同じものというわけではないとしたら，何か或る事が，これら本性と個体的差異のうちの一方について真に肯定され，他方について否定されることがありうる。しかるに，被造物においては，同一のものについて，同じ事が真に肯定され，同時にまた真に否定されることはありえない。従って，本性と個体的差異は同一のもの（una res）ではなく，実在的に異なるものである。議論の小前提〔被造物においては，同一のものについて，同じ事が真に肯定され，同時にまた真に否定されることはありえない〕は明白である。もし，同一のものについて，同じ事が真に肯定され真に否定されるとしたら，被造物における事物の相違を証明する，すべての方法が失われる。矛盾律が，事物の相違を証明する最も有力な方法だからである。それゆえ被造物においては，同一の事物について，あるいは同一の事物を代示している同じ語について，全く同じ事が真に否定され，且つ真に肯定されることがありうるとしたら，如何なる実在的な相違も被造物において証明されることができないことになるであろう。このことは次のようにして確証される。矛盾するものはすべて，同じ様に相対立するものを持つ。しかるに，「ある」と「ない」は相対立するものであり，従ってAがあり，BがないならばBはAで

S i d i c a t u r: de primis contradictoriis est hoc verum quod per illa contingit probare non-identitatem realem, non autem contingit hoc per alia contradictoria:

C o n t r a : forma syllogistica aequaliter tenet in omni materia, igitur hic est bonus syllogismus: omne *a* est *b*, *c* non est *b*, igitur *c* non est *a*; et per consequens ita de *a* et *non-a* est verum quod si hoc est *a* et hoc non est *a* quod hoc non est hoc, sicut si hoc est et hoc non est, hoc non est hoc. Igitur consimiliter in proposito, si omnis differentia individualis est de se propria individuo alicui et natura non est de se propria alicui individuo, sequitur quod natura non est differentia individualis, et hoc realiter.

S i dicatur quod hoc argumentum non valet, quia essentia divina est Filius, et Pater non est Filius, et tamen Pater est essentia:

H a e c r e s p o n s i o n o n s u f f i c i t, quia sicut est singulare in Deo quod tres res sunt una res numero, et ideo illa res una numero est quaelibet illarum trium rerum, et tamen una illarum trium rerum non est reliqua, ita est singulare et excedens omnem intellectum quod non sequitur: essentia una numero est Filius, Pater non est Filius, igitur Pater non est essentia. Et ideo illud singulare non debet poni nisi ubi auctoritas Sacrae Scripturae compellit. Et ideo talis consequentia nunquam debet negari in creaturis, quia ibi nulla auctoritas Sacrae Scripturae compellit, |§ cum in creaturis nulla una res sunt plures res et quaelibet earum. §|

S i d i c a t u r quod talis consequentia est bona si ambae praemissae sumantur sine omni determinatione, et ideo bene se-

はない。その他の矛盾するどんなものに関しても同様である。

　もし「第一義的な矛盾*36)の場合には，それによって実在的非同一性を証明することができるということは真である。しかし，それ以外の矛盾によって，実在的非同一性を証明することはできない」と反論されるならば，

　これに対して，私は次のように答える。三段論法の形式はあらゆる事柄において等しく成立する。それゆえ，〈すべてのAはBである．CはBではない．ゆえに，CはAではない〉という三段論法は妥当であり，従って，ちょうど〈もしこれが……であり，これが……でないならば，これはこれではない〉のと同様に，AとAでないに関しても，〈もしこれがAであり，これがAでないならば，これはこれではない〉という三段論法は正しい。従って，ここにおいて提示された問題においても同様である。もしすべての個体的差異がそれ自体において或る個物に固有なものであり，しかるに本性はそれ自体において或る個物に固有でないとするならば，本性は個体的差異ではなく，このような相違は実在的なものであるということが帰結する。

　もし「このような議論は妥当ではない。神の本質は御子であり，御父は御子ではない。しかし，御父は本質だからである」と反論されるならば，

　このような反論は不充分であると，私は答える。「三つのものが数において一つのものであり，それゆえ，数において一つのものが三つのもののいずれでもあるが，しかし，これら三つのもののうちのどれか一つが，他であることはない」ということは神においてのみ成立する特殊な事柄だからである．同様に，〈数において一つのものである本質は御子である．然るに御父は御子ではない．ゆえに，御父は本質ではない〉という三段論法が成立しないことも，神においてのみ成立する特殊な事柄であり，あらゆる理解を超えている。このような特殊な事柄は，聖書の権威が強要する場合を除けば，措定されるべきではない。それゆえ，被造物に関しても，聖書の権威が我々にそのような事柄を認めることを強要することはないのであるから，上述のごとき推論は被造物においては，決して否定されるべきではない。被造物においては，「一つであるものが複数のものであり，それらのいずれでもある」ということはないからである。

　更に「このような推論（すべてのAはBである．CはBではない．ゆえに，CはAではない）は，もし両方の前提が如何なる限定詞も付けられずに

quitur : omnis differentia individualis est propria alicui individuo, natura non est propria, igitur natura non est differentia individualis realiter. S e d tunc est m i n o r f a l s a. Non autem tenet universaliter si praecise accipiantur sub aliqua certa determinatione syncategorematica, cuiusmodi est 'de se' et 'per se':

H o c n o n v a l e t, quia sicut est forma syllogistica uniformis tam in illis de inesse quam in illis de modo,—et similiter est forma syllogistica mixta ex illis—, ita est forma syllogistica tam uniformis quam mixta in aliis propositionibus sumptis cum aliis determinationibus syncategorematicis, sicut sunt 'per se', 'in quantum' et huiusmodi. Et per consequens ita est forma syllogistica hic 'omnis homo per se est animal, nullus lapis per se est animal, igitur nullus lapis per se est homo, et per consequens universaliter nullus lapis est homo', sicut est hic 'omne animal de necessitate est substantia, nullum accidens de necessitate est substantia, igitur nullum accidens de necessitate est animal'. Similiter hic est bonus syllogismus mixtus 'omnis homo per se est animal, nullum album est animal, igitur nullum album est homo', igitur eodem modo hic erit bonus syllogismus 'omnis differentia individualis est de se propria alicui individuo, natura non est de se propria, igitur natura non est differentia individualis'. Et similiter hic erit bonus syllogismus 'nulla differentia individualis est realiter communis, natura est realiter communis, igitur natura non est differentia individualis realiter'. Et praemissae sunt verae, igitur et conclusio.

C o n f i r m a t u r, quia sicut semper ex propositionibus de necessario sequitur conclusio de inesse, ita ex propositionibus cum nota perseitatis sequitur conclusio de inesse, et hoc quia 'per

用いられるとしたら妥当である。それゆえ,〈すべての個体的差異は或る個物に固有なものである．しかるに本性は或る個物に固有でない．ゆえに,本性は実在的に個体的差異ではない〉という推論は正しい。ただし,その場合には小前提が偽である。他方,もし両方の前提が,まさに〈それ自体において〉とか〈自体的に〉といったような或る共範疇語である限定詞のもとで用いられるならば,このような推論は必ずしも成立しない[37]」と反論されるならば,

　このような議論は妥当ではないと,私は答える。実然命題から構成された同じ形式の命題から成る三段論法の形式も様相命題から構成された同じ形式の命題から成る三段論法の形式も,――同様に,実然命題と様相命題との混合から成る三段論法の形式も――,更にまた,「自体的に」とか「である限りにおいて」といったようなその他の共範疇語である限定詞とともに用いられた,その他の命題から構成された同じ形式の命題から成る三段論法の形式も,限定詞とともに用いられた命題とそうでない命題との混合から成る三段論法の形式も同一である。従って,〈すべての人間は自体的に動物である．しかるに,如何なる石も自体的に動物ではない．ゆえに,如何なる石も自体的に人間ではない．(ゆえに,全体的に如何なる石も人間ではない)〉という三段論法の形式も,〈すべての動物は必然的に実体である．しかるに,如何なる付帯性も必然的に実体ではない．ゆえに,如何なる付帯性も必然的に動物ではない〉という三段論法の形式も同じである。同様に,〈すべての人間は自体的に動物である．しかるに,如何なる白いものも動物ではない．ゆえに,如何なる白いものも人間ではない〉という異なった形式の命題の混合から成る三段論法も妥当であり,それゆえ同様に,〈すべての個体的差異はそれ自体において或る個物に固有である．しかるに,本性はそれ自体において或る個物に固有ではない．ゆえに,本性は個体的差異ではない〉という三段論法も正しいであろう。同じくまた,〈如何なる個体的差異も実在的に共通ではない．しかるに,本性は実在的に共通である．ゆえに,本性は実在的に個体的差異ではない〉という三段論法も正しいであろう。前提は真であり,それゆえ結論も真である[38]。

　このことは次のように確証される。必然命題から,必然という様相の付かない実然命題の結論が常に帰結するのと同様に,「自体的」という記号の付いた命題から,そのような記号の付かない実然命題の結論が帰結する。「自体的」ということは「必然的」ということだからである。それゆえ,〈本性は必然的

se' est 'necessarium'. Igitur sicut sequitur formaliter et syllogistice 'natura necessario est communicabilis, differentia contrahens necessario non est communicabilis, igitur differentia contrahens non est natura', ita sequitur 'natura per se est communicabilis multis, differentia contrahens de se non est communicabilis multis, igitur differentia contrahens non est natura'.—N e c v a l e t dicere quod conclusio est vera, puta quod differentia contrahens non est natura quamvis non distinguatur realiter ab eadem, quia sequitur 'non distinguuntur realiter et utrumque est res, igitur sunt idem realiter, igitur unum realiter est aliud'; et ultra 'igitur unum est aliud'; et per consequens praedicatio unius de alio est vera.— Paenultima consequentia patet, quia 'realiter' non est determinatio distrahens nec diminuens sicut nec 'formaliter', et per consequens ab aliquo sumpto cum tali determinatione ad ipsum per se sumptum est formalis consequentia, secundum regulam P h i l o s o p h i, II *Perihermeneias*.

|§ Tota ratio praecedens c o n f i r m a t u r. Nam sicut iste syllogismus regulatur per 'dici de nullo': nulla differentia est communis, natura est communis, igitur natura non est differentia; ita iste regulatur per 'dici de nullo': nulla differentia est de se communis, natura est de se communis, ergo natura non est differentia. §|

S e c u n d a v i a potest argui contra praedictam opinionem quod non est vera, etiam posito quod esset talis distinctio. Primo sic: quandocumque convenit alicui realiter unum oppositorum, ita quod vere et realiter denominatur ab illo, sive conveniant sibi ex se sive per aliud,—hoc stante et non mutato—, reliquum oppositorum sibi non conveniet realiter, immo simpliciter ab eo nega-

に共通である．しかるに，特定化する差異は必然的に共通ではない．ゆえに，特定化する差異は本性ではない〉という推論が形式的に正しい三段論法として成立するのと同様に，〈本性は自体的に多くのものに共通である．しかるに，特定化する差異はそれ自体においては多くのものに共通ではない．ゆえに，特定化する差異は本性ではない〉という推論も成立する。——更に，「この結論は真である。すなわち，特定化する差異は実在的には（realiter）本性と異なるものではないが，特定化する差異は本性ではない」と言うことも妥当ではない。なぜなら，〈それらは実在的に異なるものではなく，両者は一つのもの（res）である．それゆえ，それらは実在的に同一であり，それらの一方は実在的に他方である．それゆえ，それらの一方は他方であり，従ってそれらの一方が他方に述語づけられることは真である〉という推論が成立するからである。——後から二番目の推論が正しいことは明らかである。「実在的」(realiter) は「形相的」(formaliter) と同様に，代示の対象を他に逸らすことも，縮小させることもない限定詞だからである[*39]。それゆえ，アリストテレス『命題論』第2巻によれば，このような限定詞を伴って用いられた命題から，このような限定詞を伴わずに単独で用いられた命題への推論は形式的に正しい推論である。

　先の議論全体は次のように確証される。〈如何なる差異も共通ではない．しかるに，本性は共通である．ゆえに，本性は差異ではない〉という三段論法は全体及び皆無の規則[*40]によって規制されている。同様に，〈如何なる差異もそれ自体においては共通ではない．しかるに，本性はそれ自体において共通である．ゆえに，本性は差異ではない〉という三段論法も全体及び皆無の規則によって規制されている。
　第二の仕方では，前述の説に反対して，たとえ仮にこのような形相的な区別が成立するとしても，この説は正しくないことが論じられうる[*41]。最初の議論は次のごとくである。相対立するもの（A, B）の一方Aが或るものCに実在的に属し，それゆえ真に，実在的に，CはAであると呼ばれる場合には常に，Aが自らの力によってCに属する場合であれ，他のものによってCに属する場合であれ，——この事が存続し，変化しない限り——，相対立するものの他方BがCに実在的に属することはなく，むしろ無条件に，CがBであることが否定されるであろう。しかるに，あなた（ドゥンス・スコトゥス）によ

bitur. Sed p e r t e omnis res extra animam est realiter singularis et una numero, quamvis aliqua de se sit singularis et aliqua tantum per aliquid additum; igitur nulla res extra animam est realiter communis nec una unitate opposita unitati singularitatis, igitur realiter non est aliqua unitas nisi unitas singularitatis.

S i d i c a t u r quod istae duae unitates non sunt oppositae realiter, et eodem modo singularitas et communitas non opponuntur realiter :

C o n t r a : si non opponuntur realiter, igitur ex nulla oppositione potest concludi quin a parte rei possint eidem primo convenire, igitur non potest sufficienter concludi quin idem et per idem omnibus modis sit unum ista unitate et illa, et quin idem et per idem omnibus modis sit singulare et commune.

Praeterea, quandocumque consequentia repugnant etiam antecedentia repugnabunt, sed sequitur : a est commune vel unum unitate minori, igitur cum a stat multitudo opposita unitati maiori, scilicet multitudo numeralis; et sequitur : a est unum unitate maiori, igitur cum a non stat multitudo opposita, scilicet multitudo numeralis. Sed ista repugnant: cum a stat multitudo numeralis, cum a non stat multitudo numeralis; igitur ista repugnant: a est unum unitate minori, a est unum unitate maiori. Sed ista est vera p e r t e 'a est unum unitate maiori', quia tu d i c i s quod natura est una numero; igitur ista est falsa 'a est unum unitate minori', accipiendo semper a pro ipsa natura quam d i c i s semper unam unitate minori; et si natura non sit una uritate minori, multo fortius nec aliquid aliud. Assumptum patet per i s t u m qui dicit sic : «Cum unitate minori potest stare multitudo sine con-

れば，或るものは自らによって個であり，或るものは付け加えられたものによってのみ個であるとしても，心の外のものはすべて，実在的に個であり，数的に一（unum numero）である。それゆえ，心の外のものが実在的に共通なものであることはない。更にまた，個別性の一（数的な一）と対立する一によって一であることもない。従って，個別性の一（数的な一）以外には，実在的に如何なる一も存在しない*42)。

もし「これら二つの一性〔数的な一よりもより小さい（弱い）一と数的な一〕は実在的に相対立するものではない。同じくまた，個であることと共通であることも，実在的に相対立するものではない」と反論されるならば，

これに対して，私は次のように答える。もしそれらが実在的に相対立するものではないとしたら，如何なる対立からも，それらが実在的に同一のものに第一義的に属することが不可能であるという結論が導かれることができないことになるであろう。従って，全く同一のものがこの一性によって一であり，且つあの一性によって一であることは不可能であり，また全く同一のものが個であり，且つ共通であることは不可能であるという結論が充分な仕方で導き出されることもできないことになってしまうであろう。

更にまた，二つの推論の後件どうしが矛盾する場合には常に，前件どうしも矛盾するであろう。しかるに，〈a は共通であり，より小さい（弱い）一によって一である．ゆえに，a はより大きな（強い）一に対立する多，すなわち数的な多と両立する〉という推論が成立し，また〈a はより大きな（強い）一によって一である．ゆえに，a は対立する多，すなわち数的な多と両立しない〉という推論が成立する。これらの推論の後件〈a は数的な多と両立する〉と〈a は数的な多と両立しない〉は矛盾する。それゆえ，これらの推論の前件〈a はより小さい（弱い）一によって一である〉と〈a はより大きな（強い）一によって一である〉は矛盾する。あなた（ドゥンス・スコトゥス）によれば，「a はより大きな（強い）一によって一である」という命題は真である。あなたは，「本性は数的に一である」と述べているのだからである*43)。従って，あなたが「何時でもより小さい（弱い）一である」と述べていた本性を，a が常に意味すると解する場合，「a はより小さい（弱い）一によって一である」という命題は偽となる。更に，もし本性がより小さい（弱い）一によって一ではないとすると，ましてや，その他のものがより小さい（弱い）一によって一であることはないであろう。ここでの議論の小前提は，スコトゥス自身が「より小さな（弱い）一は矛盾することなく，より大きな（強い）一に対立する多と

tradictione opposita maiori unitati, quae multitudo non potest stare cum maiori unitate, quia sibi repugnat».

S i d i c a t u r quod ista forma arguendi non valet, quia cum homine stat nigredo et cum albo non stat nigredo, et tamen homo est albus, et *a* est homo, et est album:

H o c n o n v a l e t, quia accipiendo uniformiter 'stare', altera illarum est falsa, quia accipiendo 'stare' actualiter, tunc haec est falsa, quod cum Sorte stat nigredo, si Sortes sit albus. Accipiendo autem potentialiter, tunc haec est falsa 'cum albo non stat nigredo', quia cum albo potest stare nigredo, quia cum albo potest stare nigredo sicut album potest esse nigrum vel habere nigredinem. Unde quamvis nigredo repugnet albedini, non tamen repugnat illi quod est album, et per consequens non repugnat albo, quia isti duo termini 'album' et 'illud quod est album' convertuntur.

Praeterea, quod dicit quod 'cum unitate minori potest stare sine contradictione multitudo opposita unitati maiori', videtur repugnare alteri dicto quo dicit quod natura et differentia individualis non differunt realiter, quia quando aliqua duo sunt idem realiter quidquid potest per potentiam divinam esse unum illorum realiter, potest esse reliquum. Sed ista differentia individualis non potest esse plura numero realiter distincta, igitur nec natura quae est eadem realiter cum ista differentia contrahente potest esse plura realiter; nec per consequens potest esse aliqua alia res ab ista differentia contrahente; et ita natura sine contradictione non compatitur secum multitudinem numeralem.

C o n f i r m a t u r ista ratio, quia omne universale realiter,

両立することができる。しかし多は，より大きな（強い）一と矛盾するがゆえに，より大きな（強い）一と両立することができない」*44)と述べていることから明らかである。

これに対して，「この議論の形式〔α は β と両立する．しかし β は γ と両立しない．ゆえに，α と γ は両立せず，矛盾する〕は妥当ではない。人間は黒と両立し，白は黒と両立しないが，しかし人間は白い，つまり a は人間であり，白い」と反論されるならば，

〔私は次のように答える。〕この反論は妥当ではない。もし「両立する」という語句を同じ仕方で解するならば，反論の議論の前提のどちらか一方が偽となるからである。なぜなら，「両立する」という語句を〈現実に両立している〉という意味に解する時には，ソクラテスが実際に白いとしたら，「ソクラテスは黒さと両立する」という命題は偽となるからである。他方，「両立する」という語句を〈両立することが可能である〉という意味に解する時には，「白さは黒さと両立しない」という命題が偽である。白さは黒さと両立することが可能だからである。ちょうど，白いものが黒いものでありうる，あるいは黒さを持つことがありうるのと同様に，白さは黒さと両立可能である。それゆえ，黒さは白さと矛盾するけれども，黒さは，白くあるところのものと矛盾しない。従ってまた，白いものとも矛盾しない。「白いもの」という語と，「白くあるところのもの」という語は互いに置き換えられうるからである。

更にまた*45)，スコトゥスが「より小さな（弱い）一は矛盾することなく，より大きな（強い）一に対立する多と両立することができる」と述べていることは，彼が「本性と個体的差異は実在的に異ならない」と述べている他の言明と矛盾すると考えられる。なぜなら，これら二つが実在的に同一のものである場合には，それらの一方でありうるものはいずれも，実在的に神の力によって，他方となりうるからである。しかるに，この個体的差異は実在的に異なる数的に多であるものであることはできない。それゆえ，この特定化する個体的差異と実在的に同一のものである本性もまた，実在的に多であることができない。従って，本性はこの個体的差異と別なものであることができない。だとすると，本性が矛盾することなく，数的な多と両立することはない。

この議論は，次のように確証される。実在的に普遍であるものはすべて，そ

sive sit complete universale sive non, est realiter commune pluribus, |§ vel saltem potest esse realiter commune pluribus; §| sed nulla res est realiter communis pluribus; igitur nulla res est universalis quocumque modo. Maior est manifesta, quia per hoc distinguitur universale a singulari quod singulare est determinatum ad unum, universale autem est indifferens ad multa, illo modo quo est universale. Minor est manifesta, quia nulla res realiter singularis est communis pluribus; sed omnis res, secundum i s t o s, est realiter singularis; igitur etc. Similiter si aliqua res importata per hominem est communis pluribus, aut natura quae est in Sorte, aut natura quae est in Platone, aut aliqua tertia ab istis. Non natura Sortis, quia illa ex quo est realiter singularis non potest esse in Platone; nec natura Platonis, propter idem; nec natura tertia, quia nulla talis est extra animam, quia secundum e o s, omnis res extra animam est realiter singularis.

C o n f i r m a t u r s e c u n d o, quia illud quod nec etiam per potentiam divinam potest communicari pluribus, non est realiter commune; sed quacumque re demonstrata, illa per potentiam divinam non potest communicari pluribus, quia est realiter singularis; igitur nulla res est realiter et positive communis.

S i d i c a t u r quod quamvis repugnet isti naturae esse in pluribus, non tamen repugnat sibi de se sed propter additum cum quo est unum per realem identitatem:

C o n t r a : ista non-repugnantia de se non est positiva, et per consequens ista communitas non est positiva, ita quod sit aliquid commune, sed tantum negativa, et per consequens non est

れが完全な意味で普遍なのであれ，そうでないのであれ，実在的に複数のものに共通である。あるいは少なくとも，実在的に複数のものに共通でありうる。しかるに，如何なる外界の事物も，実在的に複数のものに共通であることはない。それゆえ，如何なる外界の事物も，如何なる意味においてであれ，普遍ではない。大前提は明白である。なぜなら，個は一つのものに限定されているが，普遍はそれが普遍である仕方に応じて，多くのものに対して中立であるということによって，普遍は個から区別されるのだからである。小前提も明白である。なぜなら，如何なる外界の実在的な個物も複数のものに共通ではなく，彼等〔スコトゥス派の人々〕*46)によれば，すべての外界の事物は実在的に個である。従って，云々。同様に，もし「人間」という語によって意味されている事物が複数のものに共通であるとしたら，それはソクラテスの内にある本性であるのか，プラトンの内にある本性であるのか，あるいはそれらとは異なる第三の本性であるのか，いずれかである。しかし，ソクラテスの本性ではない。本性は実在的に個であるのだから，ソクラテスの本性がプラトンの内に存在することはありえないからである。また，同じ理由から，それはプラトンの本性でもない。更にまた，第三の本性でもない。心の外に，そのようなものは存在しないからである。彼等〔スコトゥス派の人々〕によれば，心の外の外界の事物はすべて，実在的に個だからである。

このことは第二番目に，次のように確証される。神の力によってでさえ，複数のものに共通とされることができないものは，実在的に共通なものではない。しかるに，如何なる事物が指示されたとしても，外界の事物が神の力によって複数のものに共通とされることはできない。外界の事物は実在的に個だからである。それゆえ，如何なる外界の事物も実在的に肯定的な意味で(positive)*47)共通であることはない。

もし「複数のものの内に内在することは，この本性に反する。しかし，複数のものの内に内在することは，本性それ自体に (de se) 反することではなく，本性を実在的な同一性によって一とする，本性に付け加わってくるもの〔すなわち，本性を特定化する個体的差異〕のゆえに，複数のものの内に内在することがこの本性に反するのである」と反論されるならば*48)，

これに対して，私は次のように述べる。複数のものの内に内在することが，本性それ自体に(de se)反しないということは，肯定的な意味においてではない。従って，そこでの共通性とは，或るものが共通であるというように肯定的な意味においてではなく，〔反しない〕というように，単に否定的な意味におい

aliqua unitas positiva nisi tantum numeralis unitas.

Praeterea, talem unitatem minorem negativam possum attribuere illi gradui individuali, quia certe non est ex se et per se, primo modo dicendi per se, unus numero. Et ita accipiendo nonrepugnare ex se vel per se, secundum quod opponitur huic quod est convenire alicui per se primo modo dicendi per se, haec erit vera 'isti differentiae individuali non repugnat ex se esse in pluribus' vel 'non repugnat sibi ex se esse unum unitate minori unitate numerali', quia sua opposita est falsa, scilicet quod differentia ista individualis per se primo modo est una numero secundum i s t o s.

S e c u n d o principaliter iuxta i s t a m v i a m arguo sic: quia si natura esset isto modo communis, sequeretur quod tot essent species et genera quot sunt individus, quia natura Sortis est species, et eadem ratione natura Platonis. Tunc arguo: quandocumque aliqua sunt realiter plura quorum utrumque potest dici species, tunc sunt plures species; sed sic est in proposito; igitur etc.

C o n f i r m a t u r, quia ad multiplicationem subiecti proximi sequitur multiplicatio passionis; sed secundum i s t u m ista unitas minor est passio naturae; igitur sicut natura realiter multiplicatur, ita passio—cum sit realis—realiter multiplicabitur. Et per consequens sicut realiter sunt duae naturae in Sorte et Platone, ita erunt realiter duae unitates minores; sed ista unitas minor vel est communitas vel inseparabilis a communitate, et per consequens inseparabilis a communi; igitur sunt duo communia in Sorte et Platone, et per consequens duae species. Et per consequens Sortes esset sub uno communi et Plato sub alio, et ita tot essent communia—etiam generalissima—quot sunt individua, quae videntur

てである。それゆえ,数的な一性以外には,如何なる肯定的な一性も存在しない。

更に,〔スコトゥスが共通本性に帰属させた〕このような否定的な意味でのより小さい（弱い）一性を,私は個体の段階〔個体的差異〕に帰属させることができる。個体的差異は確かに,それ自体において（ex se），自体的に（per se），自体的な第一の仕方で（primo modo dicendi per se）数的に一であることはないからである。それゆえ,「……であることは,或るものそれ自体に,自体的に反しない」ということを,〈……であることは,自体的な第一の仕方で或るものに適合する〉に対応する意味に解するならば,「複数のものの内に内在することは,個体的差異それ自体に反しない」,あるいは「数的な一よりもより小さい（弱い）一によって一であることは,個体的差異それ自体に反しない」という命題は真となるであろう。それと反対の命題「個体的差異は自体的な第一の仕方で数的に一である」が,彼等によれば[*49],偽だからである。

次に私は,この第二の仕方に基づいて,第二に,主に次のように論ずる[*50]。もし本性がこのように共通であるとするならば,諸々の個体が存在するのと同数の種や類が存在することになるであろう。なぜなら,ソクラテスの本性は種であり,また同じ理由から,プラトンの本性も種であることになるからである。その場合,私は次のように論証する。或る複数のものが実在的に存在し,それらのいずれも種と呼ばれうる時には常に,そこには複数の種が存在する。これが,私の主張したい事であり,それゆえ,云々。

この議論は,次のように確証される。近接する基体が多数化されることによって,その基体の属性もまた多数化される。然るに,彼〔スコトゥス〕によれば[*51],より小さい（弱い）一は,本性の属性である。それゆえ,本性が実在的に多数化されるに応じて,その属性〔より小さな（弱い）一〕も,——それは実在的なものであるがゆえに——実在的に多数化されることになるであろう。従って,ソクラテスとプラトンにおいて,二つの本性が実在的に存在するのと同様に,二つのより小さな（弱い）一が実在的に存在することになるであろう。しかるに,このより小さな（弱い）一は共通なものであり,あるいは共通であることとと切り離すことができないものであり,それゆえ,より小さな〔弱い〕一と共通であるということは不可分である。従って,ソクラテスとプラトンのうちに二つの共通なものが存在するのであり,二つの種が存在する。かくして,ソクラテスは或る共通なもののもとに存在し,プラトンもそれとは別な共通なもののもとに存在し,それゆえ,個体が存在するのと同じ数の共通なものが——最も共通なものの場合でさえ——存在することになるであろう。

absurda.

S i d i c a t u r quod res non est complete universalis sed solum secundum quod est considerata ab intellectu:

C o n t r a : quaero de illo quod immediate denominatur universale: aut est praecise vera res extra animam, aut est praecise ens rationis, aut est aggregatum ex ente reali et ente rationis. Si detur primum, habetur propositum, quod res singularis est simpliciter completive universale,—contra dictum proprium, quia extra animam, secundum e o s, nulla est res quin sit realiter singularis—, et per consequens eadem res quae est realiter singularis est communis et non plus una quam alia; igitur quot sunt singularia tot sunt completive universalia. Si detur secundum, sequitur quod nulla res est universalis, nec completive nec inchoative, nec in actu nec in potentia, quia illud quod per potentiam divinam non potest reduci ad complementum et actum ut sit aliquale non est tale nec in potentia nec inchoative. Et hoc est verum ubi non ex hoc ipso quod reducitur ad unum actum remanet potentia ad alium actum, sicut est in divisione continui in infinitum, et quando aliquid est in potentia ad contradictoria; qualiter non est in proposito. Igitur si praecise ens rationis est completive universale, et in actu, et nullo modo res extra animam, sequitur quod res extra animam nullo modo est universalis, non plus una quam alia. Si detur tertium, habetur propositum, quia semper ad multiplicationem cuiuscumque partis sequitur multiplicatio totius vel aggregati; igitur si completive universale est aggregatum ex re et ente rationis, quot sunt res extra animam quarum quaelibet est pars totius aggregati tot erunt talia aggregata; et ita stabit quod quot sunt

これは不合理であると思われる。
　もし「外界の事物は完全な意味での普遍ではない。それは，知性によって考察される限りにおいてのみ，普遍である」と反論されるならば[*52)]，
　これに対して，私は次のように述べる。〔彼等（スコトゥス）によって，〕直接に「普遍」と呼ばれているものに関して，私は問う。それはまさに，(1)心の外の真なる実在的な事物であるのか，あるいは(2)まさに概念的な存在であるのか，あるいは(3)実在的存在と概念的存在の結合であるのか。もし(1)であると認められるのであれば，私によって主張されたことが得られる。なぜなら，その場合には，外界の個物が無条件に完全な意味での普遍であることになり，——これは，彼等（スコトゥス）自身の言明にも反する。彼等によれば，実在的に個でないような外界の事物は存在しないからである[*53)]——，従って，実在的に個である事物と同一の事物が，同時に共通であり，そして，或る事物が他の事物よりもより多く，個であり且つ共通であるということはないのであるから，個物が存在するのと同数の，完全な意味での普遍が存在することになる。他方，もし(2)であると認められるのであれば，如何なる外界の事物も，完全な意味においてであれ，不完全な状態においてであれ，現実態においてであれ，可能態においてであれ普遍ではないことになる。なぜなら，このような外界の事物は神の力によっても完全な現実態における普遍へと変えられることができないのであり，事物が現実に然々〔個〕であるならば，可能態において然々〔個〕でないということも，不完全な状態において然々〔個〕でないということもないからである[*54)]。このことは，連続体を無限に分割する場合や或るものが矛盾対立する両方への可能性を持つ場合のように，或るものが或る現実態へと変えられても，他の現実態への可能性が残る場合以外では真である。しかるに，ここで問題にされている事例は，先の例（連続体や矛盾対立する両方への可能性を持つ事物）と同じではない。それゆえ，もし概念的な存在が完全な意味で現実態において普遍であり，心の外の事物が完全な意味で現実態において普遍ではないとしたら，心の外の事物は，この事物も他の事物も同様に，如何なる意味においても普遍ではないことになるであろう。更に，(3)であると認められるとしても，私によって主張されたことが得られる。なぜなら，いずれの部分が多数化されるとしても，それによって常に，その全体すなわち結合体が多数化される。それゆえ，完全な意味での普遍が外界の実在的事物と概念的存在の結合体であるとするならば，その結合体全体の部分である，心の外の実在的事物が存在するのと同数の，結合体が存在するであろう。かく

individua tot erunt genera generalissima.

Praeterea, sicut universale est unum in multis et de multis et praedicabile de eis, ita commune est unum in multis et de multis et praedicabile de eis; sed hoc sufficit ad hoc quod aliquid sit completive universale, secundum e o s ; igitur omne commune habet quidquid requiritur ad hoc quod aliquid sit completive universale, et per consequens ad hoc quod aliquid sit completive species vel genus. Sed secundum e o s, sicut recitatum est, communitas convenit naturae ex se extra intellectum, igitur et esse completive universale. Et per consequens ex quo, sicut probatum est, quot sunt individua tot sunt communia, sequitur quod quot sunt individua tot sunt genera generalissima ex natura rei.

C o n f i r m a t u r, quia si illa natura quae est in Sorte vere est communis, igitur cum destructo Sorte destruatur quodlibet essentiale sibi, sequitur quod aliquod commune vere destruatur et adnihiletur; sed certum est quod remanet aliquod commune ex quo remanet individuum. Et ex tali contradictione contingit inferre distinctionem realem, secundum e o s ; igitur unum illorum communium non est realiter aliud, et per consequens quando sunt, sunt plura.

S i d i c a t u r quod illa natura non est communis, ex hoc ipso quod est appropriata Sorti per differentiam contrahentem:

C o n t r a: p e r t e naturae extra intellectum convenit ista communitas; quaero igitur pro quo supponit ibi natura: aut pro ente reali aut pro ente rationis. Secundum non potest dari, quia hoc includeret contradictionem. Si supponit pro ente reali, aut

して，個体が存在するのと同じ数の，最も普遍的な類が存在するということが成立することになるであろう。

更にまた，普遍（universale）が多くのものにおける一，多くのものについての一であり，多くのものに述語づけられるものであるのと同様に，共通なもの（commune）も多くのものにおける一，多くのものについての一であり，多くのものに述語づけられるものである。彼等（スコトゥス）によれば[*55]，或るものが完全な意味で普遍であるためには，このことだけで充分であり，それゆえ，すべての共通であるものは，或るものが完全な意味で普遍であるために必要とされる，あらゆる条件を満たしており，従って，或るものが完全な意味で種であり類であるために必要とされるあらゆる条件も満たしている。しかるに彼等（スコトゥス）によれば上述のごとく[*56]，共通であることは知性の外の本性それ自体に属するのであり，それゆえ，完全な意味で普遍であることもまた知性の外の本性に属することになる。従って先に証明されたごとく，個体が存在するのと同じ数の共通なものが存在するのであるから，実在的な事物の世界において，個体が存在するのと同じ数の最も普遍的な類が存在するということになってしまうであろう。

このことは次のように確証される。もしソクラテスの内に存在する本性が本当に共通なものであるとしたら，ソクラテスが消滅する時に，彼にとって本質的な事柄はいずれも消滅し，従って，或る共通なものが消滅し，絶滅することが真であることになる。しかし実際にはその場合にも，確かに，何らかの共通なものが存在し，それによって他の個物が存続する。このような矛盾から，彼等（スコトゥス）[*57]に従うならば，或る共通本性と他の共通本性との間に実在的な区別を導入しなければならないのであり，それゆえ，共通なものの或るものは，実在的に他の共通なものではなく，従って，それらが存在する時には，それらは複数のものである。

もし「このような本性は，それを特定化する差異によってソクラテスに固有なものとされているのだから，共通ではない」と反論されるならば，

これに対して，私は次のように答える。あなた（スコトゥス）[*58]によれば，知性の外の本性に，共通性が属する。その場合，そこでの「本性」とは何を代示しているのかと，私は問う。それは，(1)実在的な存在を代示しているのか，(2)概念的な存在を代示しているのか。(2)が真として認められることはできない。このことは矛盾を含んでいるからである。他方，もし「本性」が実

igitur pro ente reali quod est singulare, aut pro aliquo ente reali quod non est singulare realiter. Si primum, igitur non est commune, et per consequens non est ex se commune. Si detur secundum, igitur est aliqua res extra animam quae non est realiter singularis, quod tamen n e g a n t, quia dicunt quod natura est realiter una numero et singularis.

T e r t i o arguo sic: humanitas in Sorte et humanitas in Platone realiter distinguuntur; igitur utraque illarum est realiter una numero, et per consequens neutra est communis.

S i d i c a t u r quod istae naturae non sunt distinctae nisi per illas differentias additas, sicut nec aliqua earum est una numero nisi per differentiam additam, et ideo neutra est de se singularis sed est de se communis:

C o n t r a : omnis res se ipsa vel per aliquid sibi intrinsecum distinguitur essentialiter ab omni alia re a qua essentialiter distinguitur ; sed humanitas quae est in Sorte essentialiter distinguitur ab humanitate quae est in Platone; igitur se ipsa vel per aliquid sibi intrinsecum ab ea distinguitur, non igitur per aliquid extrinsecum additum illi. Maior patet, quia nihil est dictu quod Sortes distinguitur ab isto asino per Platonem essentialiter. Similiter, esse idem et diversum consequuntur ens immediate, igitur nihil est idem vel diversum ab aliquo per aliquid extrinsecum. Similiter, secundum P h i l o s o p h u m e t C o m m e n t a t o r e m, IV *Metaphysicae*, omne ens est unum per essentiam et non per additum, igitur nihil est unum numero per aliquid additum; igitur natura quae est in Sorte, si sit una numero, se ipsa vel aliqua sibi essentiali erit una numero. Similiter, si natura sit una numero, igitur non

在的存在を代示しているのだとしたら，それは①個別的である実在的存在を代示しているのか，あるいは②実在的に個別的ではない或る実在的な存在を代示しているのか，どちらかである。もし①であるとしたら，本性は共通でないことになり，従って，本性はそれ自体において共通でないことになるであろう。他方，もし②が真として認められるのであれば，実在的に個でない或る事物が心の外に存在することになるが，彼等自身（スコトゥス）がそのことを否定している。彼等は，「本性は実在的に数において一であり，個である」と述べているからである*59)。

第三に，私は次のように議論する*60)。ソクラテスの中の人間の本性とプラトンの中の人間の本性は実在的に異なる。それゆえ，これらの人間性の両方とも実在的に数的に一であり，従って，それらの両方とも共通ではない。

〔スコトゥスによって，〕「これらの本性（ソクラテスの中の本性，プラトンの中の本性）が異なるのは，それらに付け加えられた個体的差異によるのであり，それらが数的に一であるのも，付け加えられた個体的差異による。それゆえ，これらの本性はいずれも，それ自体においては個ではなく，それ自体においては共通である」と言われるならば，

これに反対して，私は次のように答える。すべてのものは，それ自身によって，あるいは，それに内在的なものによって，本質的に異なる他のすべてのものから本質的に区別される。しかるに，ソクラテスの中に存在している人間の本性は，本質的に，プラトンの中に存在している人間の本性と異なる。従って，ソクラテスの中の人間の本性は，それ自身によって，あるいは，それに内在的なものによって，プラトンの中の人間の本性と異なるのであって，それに外的に付け加えられたものによって異なるのではない。大前提は明白である。なぜなら，ソクラテスがプラトンによって，本質的にこのロバと異なるとは言えないからである。同様に，同一であるとか，異なるとかいうことは，存在している事物に直接に伴うものであり，何物も自らに外的なものによって他の物と同一であるとか，異なるとかいうことはない。同様にアリストテレス『形而上学』第4巻（第2章，1003b22-33）やアヴェロエスの『形而上学註解』によれば，すべての存在するものは，本質によって一なのであって，付け加えられたものによって一なのではない。それゆえ何物も自らに付け加えられたものによって数的に一なのではない。従って，ソクラテスの中の本性は，もしそれが数的に一であるとしたら，それ自身によって，あるいは，それにとって本質的なものによって数的に一であるだろう。同じくまた，もし本性が数的に一であ

est communis, et per consequens non est de se communis, quia ista determinatio 'de se' non est determinatio distrahens nec diminuens; igitur a negatione determinabilis absolute ad negationem determinabilis cum ista determinatione est bona consequentia. Igitur, sicut sequitur 'Sortes non est homo, igitur non est necessario homo', ita sequitur 'humanitas quae est in Sorte non est communis, igitur non est de se communis'.

C o n f i r m a t u r, quia quandocumque aliquid dicitur convenire alicui de se non positive sed negative, sicut dicitur quod creatura est de se non ens et quod materia de se est privata,—quae, et consimilia, falsa sunt de virtute sermonis, sed vera sunt secundum quod aequipollent quibusdam negativis, puta talibus 'materia non est de se formata', 'creatura non est de se ens tale'—, quamvis non oporteat quod actualiter insit illi cui dicitur ex se convenire, tamen illud simpliciter, saltem per potentiam divinam, potest sibi inesse, sicut creatura potest esse non ens et materia potest privari vel esse privata; igitur similiter humanitas quae est in Sorte potest esse communis pluribus hominibus. Consequens est impossibile, igitur et antecedens. Probatio falsitatis consequentis, quia quando aliqua sunt idem realiter impossibile est quod unum sit idem realiter cum aliquo quin aliud sit idem realiter cum eodem. Et hoc verum est in creaturis; et etiam aliquo modo est verum in Deo, quia quamvis non sit verum dicere quod Pater est Filius, non obstante identitate tam Patris quam Filii cum essentia divina, tamen verum est dicere quod Pater est illa res quae est Filius. Igitur cum humanitas quae est in Sorte sit eadem realiter cum differentia contrahente, si humanitas quae est in Sorte potest esse eadem

るとしたら，それは共通ではなく，従って，それ自体において（de se）共通ではない。なぜなら「それ自体において」（de se）という限定詞は，代示の対象を他に逸らすことも，縮小させることもない限定詞だからである*61)。従って，限定詞を伴わず単独で用いられた否定命題から，この限定詞を伴った否定命題への推論は妥当である。それゆえ例えば，〈ソクラテスは人間ではない．ゆえに，ソクラテスは必然的に人間ではない〉という推論が成立するのとちょうど同じように，〈ソクラテスの中に存在する人間性は共通ではない．ゆえに，ソクラテスの中に存在する人間性はそれ自体において共通ではない〉という推論も成立する。

　この議論は次のように確証される。或るもの（A）が肯定的な仕方ではなく，否定的な仕方で，或るもの（B）それ自体に属すると言われる場合，例えば「被造物はそれ自体では存在しないものである」(creatura est de se non ens)，「質料はそれ自体においては形相を欠くものである」(material de se privata) と言われる場合には常に，——これらの命題やそれと類似した命題は，文字通りに解するならば偽である。ただし，これらの命題が次の否定命題，すなわち「質料はそれ自体においては形相を持っていない」(materia non est de se formata)，「被造物はそれ自体で存在するものではない」(creatura non est de se ens tale) と同値である限りにおいては，これらの命題は真である。——この場合，(A) がそれ自体において属すると言われている (B) に，必ずしも常に現実に内属するとは限らないとしても，少なくとも神の力によって無条件に，(A) が (B) に内属することが可能である。例えば，被造物は存在しないものであることが可能であり，質料は形相を欠いている，あるいは欠いたものであることが可能である。それゆえ，ここでの議論でも同様に，ソクラテスの中に存在する人間の本性は，多くの人間に共通であることが可能であることになる。しかし，この後件（結論）は不可能であり，従って前件も不可能である*62)。後件が偽であることの証明。或るものども (x, y) が実在的に同一である時には，それらの一方 (x) が或るもの (z) と実在的に同一であり，他方 (y) が同じもの (z) と実在的に同一でないことはありえない。このことは被造物において真であり，更にまた神においても或る意味で真である。御父も御子も神の本質と同一であるにもかかわらず，「御父は御子である」と言うことは真ではないが，「御父は御子であるものである」と言うことは真だからである。それゆえ同様に，ソクラテスの中に存在する人間の本性は，それを特定化するソクラテスの個体的差異と実在的に同一であるのだから，もしソクラテス

realiter cum differentia contrahente in Platone, sequitur quod differentia ista contrahens et illa contrahens possent esse una res, et per consequens aliqua una res posset esse Sortes et Plato, quod includit contradictionem.

Praeterea, quidquid a parte rei distinguitur ab alio quod non est de intellectu suo formali potest intuitive videri sine illo, secundum i s t u m D o c t o r e m, qui etiam ponit quod essentia divina potest intuitive videri sine persona. Igitur humanitas quae est in Sorte potest intuitive videri sine differentia contrahente et eodem modo humanitas quae est in Platone potest intuitive videri sine aliqua differentia contrahente, et per consequens cum istae humanitates distinguantur loco et subiecto, potest talis intellectus distinguere unam ab alia sine omni differentia contrahente; quod non esset possibile si praecise distinguerentur per suas differentias contrahentes; igitur se ipsis distinguuntur numeraliter.

C o n f i r m a t u r, quia talis intellectus potest formare talem propositionem negativam dicendo: hoc non est hoc; et potest scire istam esse veram, igitur ista res se ipsa non est alia res.

C o n f i r m a t u r, quia, secundum i s t u m D o c t o r e m, formaliter compossibilia vel repugnantia suis rationibus formalibus sunt compossibilia vel repugnantia; igitur eadem ratione quaecumque distinguuntur vel sunt eadem suis rationibus formalibus distinguuntur vel sunt eadem. Igitur si istae humanitates—puta Sortis et Platonis—distinguuntur realiter, suis propriis rationibus formalibus et per nulla addita distinguentur; et per consequens quaelibet istarum de se, sine omni addito, distinguitur realiter ab alia. Assumptum patet, quia dicit sic: «Notandum quod sicut

スコトゥスの見解に対する反論　53

の中に存在する人間の本性が，プラトンの中にある特定化する個体的差異と実在的に同一であるとしたら，（ソクラテスの中にある）この特定化する個体的差異と，（プラトンの中にある）あの特定化する個体的差異は同一のものであり，従って同一のものがソクラテスであり，プラトンでありうることになるであろう。これは矛盾を含む。

　更にまた，外界の事物の側において他のものから区別され，その形相的知性概念の内に他のものが含まれないところのものはすべて，博士（スコトゥス）によれば*63)，他のものなしに直知認識されることができる。彼は，「神の本質はペルソナなしに直知認識されることができる」と述べている。それゆえ，ソクラテスの中に存在する人間の本性は，それを特定化する個体的差異なしに直知認識されることができるのであり，同様にプラトンの中に存在する人間の本性も，それを特定化する個体的差異なしに直知認識されることができる。従って，これらの人間の本性はその場所と基体によって区別されうるのであるから，たとえ特定化する個体的差異が全くなくても，知性は一方の本性を，他方の本性から区別できることになる。もし本性がまさに，特定化する個体的差異によって区別されるのだとしたら，こうしたことはありえないであろう。それゆえ本性は，それら自身によって互いに数的に区別される。

　このことは次のように確証される。このように一方の本性を，他方の本性から区別する知性は，「これはこれではない」と言うように，否定命題を形成することができるのであり，更にこの命題が真であることを知ることができる。それゆえ，このものはそれ自身によって他のものではないのである。

　このことは更に，次のように確証される*64)。博士（スコトゥス）によれば*65)，形相的に両立可能なもの，矛盾するものは，自らの形相的性質(rationes formales)によって互いに両立可能，あるいは互いに矛盾する。それゆえ同じ理由から，相違されるものや同一であるものもいずれも，自らの形相的性質によって互いに区別され，互いに同一なのである。それゆえ，もしこれらの人間の本性——例えばソクラテスのこれと，プラトンのあれ——が実在的に区別されるとしたら，これらの本性はそれらに固有な形相的性質によって区別されるのであって，何らかの付け加えられたものによって区別されるのではない。従って，これらの本性はいずれも，如何なる付け加えもなしに，それ自体によって他の本性と実在的に区別される。前提は明らかである。スコトゥスは「矛盾するものは，自らに固有な性質によって互いに矛盾するのであり，同様に，矛

repugnantia repugnant ex suis propriis rationibus, ita non-repugnantia sive compossibilitas est ex propriis rationibus compossibilium».

Si d i c a t u r quod ex hoc ipso quod dicis 'istae humanitates' quando dicis 'istae humanitates distinguuntur realiter', tu includis istas differentias contrahentes, quia non sunt 'istae' nisi per istas differentias contrahentes, et ideo suis rationibus formalibus distinguuntur, quia istae differentiae sunt de ratione formali istarum humanitatum, ita quod istis differentiis circumscriptis non remanet nisi humanitas indistincta :

C o n t r a : quandocumque aliqua distinguuntur quocumque modo a parte rei, potest imponi terminus qui praecise stet pro uno et non pro reliquo; aliter enim non posset esse aliqua propositio vera denotans distinctionem unius ab alio. Impono igitur istum terminum *a* qui praecise stet pro illo quod in Sorte distinguitur formaliter et non realiter a differentia contrahente, quia p e r t e aliquid est in Sorte quod distinguitur formaliter a differentia contrahente, quod tamen est idem realiter cum illa differentia, et ideo est realiter singulare. Impono etiam istum terminum *b* qui praecise stet pro illo quod formaliter distinguitur a differentia contrahente in Platone, et tamen est idem realiter cum illa differentia contrahente. Tunc quaero: aut *a* et *b* sunt idem realiter, aut non. Si sic, igitur ipsis non variatis nullo modo distinguuntur realiter, et per consequens est aliquid indistinctum realiter in Sorte et Platone, quod isti n e g a n t, quia ponunt quod nihil idem realiter indistinctum est in Sorte et Platone. Si non sunt idem realiter, igitur distinguuntur realiter, igitur per suas rationes proprias

盾しないもの，すなわち両立可能なものも，両立可能なものどもに固有な性質によって互いに両立可能なのである」と述べているからである。

　もし「〈これらの人間の本性は実在的に区別される〉とあなたが述べる時に，〈これらの人間の本性〉とあなたは述べているのだから，あなたは，本性を特定化する差異をその内に含めている。なぜなら，本性が〈これら〉であるのはまさに，それを特定化する個体的差異によってであり，それゆえ，自らの形相的性質によって本性は区別されるのだからである。従って個体的差異は，これらの人間の本性の形相的性質の内に含まれているのであり，個体的差異が取り除かれるならば，区別されていない人間の本性だけが残る」と反論されるならば，

　これに対して，私は次のように答える。外界の事物の側において，或るものどもが何らかの仕方で区別される場合には常に，截然とそれらのうちの一方を代示し，他のものを代示しない語が定められることができる。もしそうでないとしたら，一方が他方と区別されることを示す真なる命題がありえないことになってしまうからである。それゆえ私は，ソクラテスの中の，特定化する個体的差異と形相的に区別されるが，実在的に区別されない或るものを截然と代示する語 a を定める。あなた（スコトゥス）によれば，ソクラテスの中に，特定化する個体的差異と形相的に区別されるが，実在的には個体的差異と同一であり，それゆえ実在的には個であるものが存在するからである。更に私は，プラトンの中の，特定化する個体的差異と形相的に区別されるが，実在的には特定化する個体的差異と同一であるものを截然と代示する語 b を定める。その場合私は，a と b が実在的に同じであるかどうかを問う。もし同じであるとしたら，それらは異ならないのであるから，それらは実在的に決して区別されない。従って，或る区別されないものがソクラテスとプラトンの両方に実在的に存在することになる。しかし，彼等（スコトゥス）はこのことを否定している。彼等は，「同一の，実在的に区別されないものが，ソクラテスとプラトンの両方に存在することはない」と述べているからである[*66)]。他方，もしそれらが実在的に同じでないとしたら，それら a と b は実在的に区別されるのであり，それらは自らに固有な形相的性質によって区別される。しかし仮定により，その形相的性質は，特定化する個体的差異を含んでいない。かくして，私によって主張されたこと，すなわち「それらはそれら自身によって区別され

formales; sed istae non includunt illas differentias contrahentes per positum, et ita habetur propositum quod se ipsis distinguuntur. Praeterea, haec est vera per te 'a realiter repugnat differentiae contrahenti ipsius Platonis'; igitur per propriam rationem sibi repugnat, igitur per propriam rationem ab ea distinguitur realiter, igitur se ipsa distinguitur realiter, et non nisi numeraliter, quia non distinguitur specie nec genere; igitur se ipsa est una numero.

S i d i c a t u r quod quaecumque repugnant vel sunt compossibilia, suis propriis rationibus vel per aliqua eadem realiter cum illis repugnant vel sunt compossibilia :

H o c n o n v a l e t, quia sicut secundum i s t u m D o c t o- rem patet, ibi non tantum loquitur de repugnantia et compossibilitate rerum realiter distinctarum sed etiam de repugnantia et compossibilitate illorum quae tantum formaliter distinguuntur vel sunt compossibilia, sicut patet de essentia divina et relatione divina; igitur *a* et *b* se ipsis distinguentur vel erunt idem realiter, etiam circumscriptis illis differentiis; et non sunt idem realiter, quia si sic, nunquam possent distingui realiter, igitur se ipsis distinguuntur realiter.

Q u a r t o arguo sic: si natura contracta esset realiter distincta ab omni gradu contrahente, natura ex se esset una numero, sicut probatum est in prima quaestione; igitur cum ista natura propter identitatem realem cum differentia contrahente non sit minus una, sequitur quod ipsa ex se erit una numero.

C o n f i r m a t u r, quia natura nihil unitatis perdit per hoc quod est eadem realiter cum illo quod est summe unum; igitur non minus erit de se una per hoc quod est eadem realiter cum differentia

る」が得られる*67)。更にまた，あなた（スコトゥス）によれば，「aは実在的に，プラトンの特定化する個体的差異と矛盾する」*68)という命題は真である。それゆえaは，自らに固有な性質によってプラトンの個体的差異と矛盾するのであり，それゆえaは，自らに固有な性質によって個体的差異から実在的に区別されるのであり，それゆえaはそれ自身によって実在的に他から区別されるのであり，しかもその区別は数的な区別に他ならない。aは種において区別されているのでも，類において区別されているのでもないからであり，従ってaはそれ自身によって数的に一である。

もし「互いに矛盾するものや両立可能なものはいずれも，① 自らに固有な性質によって矛盾したり両立可能であったりするのか，あるいは ② それらと実在的に同一な他のものによって矛盾したり両立可能であったりするのか，どちらかである」と言われるとしたら，

これは妥当ではない。そのことは，博士（スコトゥス）の先程の言明*69)から明らかである。彼はそこで，① 実在的に異なる事物の矛盾や両立可能性について語っているだけでなく，② 神の本質と神の関係の場合に見られるごとき，単に形相的にのみ異なる，あるいは両立可能であるものの矛盾や両立可能性についても語っているのだからである。それゆえ，たとえ個体的差異が取り除かれるとしても，aとbはそれら自身によって実在的に異なるか，あるいは同一であるか，いずれかであることになるであろう。しかし，それらが実在的に同一であることはない。もしそれらが実在的に同一であるとしたら，それらは決して区別できないことになるだろうからである。従って，それらはそれら自身によって実在的に異なる。

第四に，私は次のように議論する。たとえ特定化された本性が，それを特定化するあらゆる段階のものから実在的に区別されるとしても，本性はそれ自体で数的に一である。このことは，先に普遍に関する最初の問題（第四問題）の中で証明されたごとくである*70)。この本性は，特定化する個体的差異と実在的に同一であることによって一であることがより少なくなるということはないのであるから，その場合にも，本性はそれ自体で数的に一であるだろうということが帰結する。

このことは次のように確証される。本性が最高度に一であるものと実在的に同一であることによって何らかの一性を失うことはない。それゆえ本性が，個体的差異と実在的に同一であることによって，本性が個体的差異から実在的に

individuali quam si distingueretur realiter a differentia individuali.

Confirmatur, quia, secundum istum Doctorem, quemcumque ordinem haberent aliqua si essent distincta realiter, eundem ordinem habent ubi distinguuntur aliquo modo, non tamen realiter. Sed si differentia contrahens et natura distinguerentur realiter, haberent ordinem sicut duo quorum utrumque esset ex se unum numero, et unum esset ex se potentia et aliud actus; igitur consimilem ordinem habebunt ubi distinguuntur formaliter.

Ista confirmatio magis est manifesta de natura generis respectu differentiarum specificarum, quia si natura coloris non esset realiter eadem cum differentia specifica albedinis, nec natura coloris esset eadem realiter cum differentia nigredinis, et tamen distinguerentur istae naturae se ipsis, haberent ordinem perfectioris et imperfectioris; igitur ubi modo non distinguuntur realiter a differentiis specificis, sed inter se distinguuntur realiter, se ipsis habebunt eundem ordinem. Quod non esset possibile nisi se ipsis distinguerentur, quia contradictio est quod aliqua se ipsis se habeant sicut perfectius et imperfectius nisi se ipsis distinguantur, cum perfectum et imperfectum necessario distinguantur ; igitur si modo istae naturae specificae se ipsis habeant ordinem perfectioris et imperfectioris se ipsis distinguentur.

Quinto, sequeretur quod ille gradus esset aeque communicabilis cum natura, immo de facto communicatur pluribus universalibus; quod repugnat naturae respectu differentiarum individualium ; igitur non minus communicabilis est gradus individualis quam natura.

区別される場合よりも，それ自体で一であることがより少なくなるということはない。

このことは更に，次のように確証される。博士（スコトゥス）によれば[*71]，或るものは如何なる関係（ordo）を持つのであれ，もしそれらが実在的に区別されるとしたら持つのと同じ関係を，それらが実在的にではないが，何らかの仕方で区別される場合にも持つ。しかるに，もし特定化する個体的差異と本性が実在的に区別されるとしたら，それらは，①それらの二つともそれ自体で数的に一であり，②一方は自体的に可能態であり，他方は現実態であるという関係を持つ。それゆえ，それらが形相的に区別される場合にも，それらは類似した関係を持つであろう。

ここでの確証は，類の本性と種的差異においてより明白である。もし色の本性が白色という種的差異と実在的に同一ではなく，またもし色の本性が黒色という種的差異と実在的に同一ではなく，しかしこれらの本性はそれら自身によって互いに区別されるとしたら，それらは，より完全なものとより不完全なものの関係（ordo）を持つ[*72]。従って，これらの本性が実在的に種的な差異と実在的に区別されず，しかしこれらの本性は実在的に互いに区別される場合にも，これらの本性はそれら自身によって同じ関係を持つことになるであろう。このことは，それらがそれら自身によって区別されない限り，ありえない。なぜなら，それらがそれら自身によって区別されないのに，或るものがそれら自身によって，より完全なものとより不完全なものの関係にあることは矛盾だからである。完全なものと不完全なものは必然的に区別されているのだからである。それゆえ，種本性がそれら自身によってより完全なものとより不完全なものの関係を持つとすれば，それらはそれら自身によって区別されることになるであろう。

第五に，私は次のように議論する。〔もし本性が多くのものに共通であるとすれば，〕個体的差異の段階にあるものも，本性と同様に共通なものであることになるであろう。実際に，個体的差異は複数の普遍に共通とされるものだからである。しかし，このことは，本性と個体的差異の関係に反する。それゆえ，個体の段階にあるものが共通でないのと同様に，本性も共通ではない[*73]。

S e x t o, quia illa differentia et illa natura aut sunt eiusdem rationis aut alterius. Si eiusdem rationis, igitur non plus est unum singulare de se quam reliquum. Si alterius rationis, contra: illa quae sunt una res in creaturis non sunt alterius et alterius rationis; sed differentia individualis et natura contracta sunt una res; igitur etc.

Similiter, maior est similitudo et convenientia, vel aequalis, inter illa quae sunt una res quam inter illa quae distinguuntur realiter; igitur magis vel aequaliter possunt convenire in proprietatibus et passionibus, dummodo tamen omnia sint aequaliter simplicia vel composita; igitur si gradus individualis contrahens naturam hominis et gradus individualis contrahens naturam asini conveniunt in hac passione quod uterque est de se hoc, aeque poterunt gradus individualis et natura, quae est eadem realiter cum illo gradu, in eadem passione convenire.

Similiter, non sunt minus eiusdem rationis *a* et *b*, quae sunt idem realiter, quam *a* et *d*, si distinguantur realiter ; sed natura quae est in Sorte et natura quae est in Platone, quae distinguuntur realiter, sunt eiusdem rationis; igitur multo fortius natura Sortis et differentia contrahens erunt eiusdem rationis.

|§ Similiter, tunc Sortes includeret aliquid alterius rationis ab omni illo quod est in Platone; quod est falsum, quia tunc Sortes et Plato non essent simpliciter eiusdem rationis. §|

S e p t i m o, si natura sic contraheretur praecise per differentiam contrahentem distinctam solum formaliter, aequaliter posset poni univocatio realis, hoc est alicuius realis a parte rei univoci Deo et creaturis, sicut potest poni talis univocatio respectu

第六に，私は次のように議論する。この個体的差異とこの本性は，同じ性質のものであるのか，異なった性質のものであるのか。もしそれらが同じ性質であるとしたら，それらの一方が他方よりもそれ自体でより一であることも，より個であることもないはずである。もしそれらが異なった性質のものであるとしたら，これに反対して私は次のように述べる。被造物においては，同一であるもの（una res）が別々の性質を持つことはない。しかるに，個体的差異と特定化された本性は同一のものである。それゆえ，云々。

　同様に，同一であるものどもの間の類似や一致のほうが，実在的に異なるものどもの間の類似や一致よりも，より大きい。あるいは少なくとも，同一であるものどもの間の類似や一致は，実在的に異なるものどもの間の類似や一致と同程度である*74)。それゆえ，すべてのものが等しく単一なもの，あるいは複合されたものである場合には，同一であるものどもは，性質や属性において，他のものどもよりもより一致している，あるいは少なくとも他のものどもと同程度に一致することができる。それゆえ，人間の本性を特定化する個体的差異の段階にあるものと，ロバの本性を特定化する個体的差異の段階にあるものが，両者ともそれ自体でこのものであるという属性において一致しているとすれば，同様に，個体的差異の段階にあるものと，その段階にあるものと実在的に同一である本性は，同じ属性において一致することができる。

　同様に，実在的に同一であるaとbが，実在的に異なるaとdよりも同じ性質を持たないことはない。しかるに，ソクラテスの中にある本性と，プラトンの中にある本性は，実在的に異なるが，同じ性質を持つ。それゆえ，より以上に，ソクラテスの本性とそれを特定化する個体的差異は同じ性質を持つであろう*75)。

　同様に，もし同じ性質を持たないとしたら*76)，その場合，ソクラテスはプラトンの中にあるすべてのものと異なった性質のものを含むことになるであろう。これは偽である。なぜならその場合，ソクラテスとプラトンは，無条件に同じ性質を持つものではないことになってしまうからである。

　第七に，私は次のように議論する。もしこのように本性が，それと形相的にのみ異なる特定化する個体的差異によってまさに特定化されるとしたら，被造物であるどんな個体においても，このような同義的関係（univocatio）が措定されうるのと同様に，神と被造物の間にもこのような同義的な関係，すなわち神と被造物とに同義的な，外界のものの側の何らかの実在的な同義的関係が措

individuorum quorumcumque in creaturis. Consequens est contra eos qui ponunt praecise quod est aliquis conceptus univocus Deo et creaturae et non aliquid a parte rei, sicut p o n u n t ex parte alia. Consequentia patet, quia non debet negari talis univocatio nisi quia sequeretur compositio in Deo ex aliquo contracto
5 et aliquo contrahente; sed ponendo distinctionem formalem non sequitur aliqua compositio, quia illa quae tantum formaliter distinguuntur non componunt, sicut patet de divina essentia et relatione; igitur talis univocatio non repugnat simplicitati divinae.

C o n f i r m a t u r, quia non est maior ratio quod ista dis-
10 tincta formaliter componant quam alia, quamvis ista magis distinguantur quam alia, quia qua ratione ponuntur gradus in distinctione formali, eadem ratione ponentur gradus in compositione ex distinctis formaliter.

C o n f i r m a t u r, quia sicut quando aliqua distinguuntur
15 realiter, sive magis sive minus, si faciant per se unum, non est maior ratio quod ista componant quam illa, quamvis ista minus quam illa, ita si aliqua distinguantur formaliter et faciant per se unum, non est maior ratio quod ista componant quam illa; igitur vel omnia distincta formaliter facientia vel constituentia per se
20 unum componunt vel nulla.

定されうることになる。しかしこの結論は，彼等（スコトゥス）自身に反するのであり，他の場所で述べているごとくスコトゥスはまさに，「神と被造物との間に同義（一義）的な概念は存在するが，両者に同義的なものが実在的に外界のものの側に存在することはない」と主張しているからである*77)。ここでの推論は明白である。なぜなら，〔このような実在的な同義的関係が措定されることによって，〕神の内に個体化されるものと個体化するものから成る複合が帰結として導かれる場合でなければ，このような同義的関係は否定されるべきではない。しかるに，形相的区分を措定することによって，何らかの複合が帰結として導かれることはない。単に形相的にのみ異なるものは，複合を形成することはないからである。このことは神の本質と関係の場合に明らかなごとくである。従って，このような同義的関係は神の単一性に反しない。

このことは，次のように確証される。たとえ形相的に区別されたものが他のものよりもより一層異なるとしても，形相的に区別されたものが他のものよりも複合を形成するという理由はない。形相的区別のうちに程度の相違が置かれるとしたら，それと同じ理由から，形相的に区別されたものから成る複合において程度の相違が置かれることになってしまうだろうからである。

このことは更に，次のように確証される。或るものどもが，多かれ少なかれ実在的に区別される場合，もしそれらが自体的に一なるものを形成するとしたら，たとえ或るものが他のものよりもより少なく区別されるとしても，一方が他方よりも複合を形成するという理由はない。〔それゆえ，すべての実在的に区別されるものが複合を形成する。〕同様に，或るものどもが形相的に区分され，自体的に一なるものを形成するとしたら，それらの一方が他方よりも複合を形成するという理由はない。それゆえ，すべての形相的に区別され，自体的に一なるものを形成し構成するものが複合を形成するとすべきか，あるいは〔より正しくは〕，形相的に区別された如何なるものも，複合を形成しないとすべきである。

CONTRA DICTA SCOTI

Item, discurrendo per dicta, in modo ponendi videntur multa non bene dicta: p r i m u m, quod dicit quod 'natura est prior naturaliter hac entitate ut haec est'. Hoc non est verum, tum quia eadem ratione, cum sit distinctio formalis inter essentiam et relationem, essentia esset prior naturaliter relatione; quod falsum est; tum quia, secundum d i c t a sua alibi, omne prius natura
5 alio potest per potentiam divinam fieri sine posteriori; sed hoc est impossibile de natura, cum sit eadem realiter cum differentia contrahente. Assumptum patet, quia ponit quod hoc est esse prius alio posse esse sine eo et non e converso.

S e c u n d o, non videtur bene dictum quod differentia indi-
10 vidualis non est quidditativa, quia omne quod est de essentia alicuius per se in genere est de quidditate ipsius, et per consequens est entitas quidditativa; sed haec differentia individualis est de essentia individui quod est per se in genere; igitur etc.

S i d i c a t u r quod requiritur quod sit entitas communica-
15 bilis, quia omnis quidditas est communicabilis:

Hoc videtur dictum s i n e r a t i o n e, quia sicut t u p o- n i s quod omnis quidditas est communicabilis, ita eadem facilitate ponam quod omnis quidditas realis est communicabilis distinctis specie, et ita entitas specifica non erit entitas quidditativa. Vide-
20 tur igitur dicendum quod omnis entitas, quae est de essentia ali-

スコトゥスの言明に対する反論

　同じくまた，スコトゥスの言明を通読すると，彼の主張の仕方において多くのことが正しく言われていないと私には思われる。第一に彼は，「本性は，このものとしてある限りでのこの存在性よりも本性的により前である」(OTh Ⅱ, p.162, lin.6) と述べている。これは，真ではない。〔第一の理由〕だとすると，神の本質と関係〔御父，御子，聖霊〕の間にも形相的区分が存在するのであるから，同じ理由から，神の本質は関係よりも本性的により前であることになるが，これは偽である。〔第二の理由〕スコトゥス自身の他の箇所[*78]での言明によれば，本性的に他のものよりもより前であるものはすべて，神の力によって，より後なるものなしに生ずることができる。しかし，本性に関しては，このことは不可能である。本性は，それを特定化する個体的差異と実在的に同一のものだからである。ここでの前提は明らかである。他よりもより前であるとは，他のものなしに存在することができ，その逆ではないことであると，彼は述べているからである。

　第二に，「個体的差異は，何性・本質的存在性 (quidditativa) ではない」(OTh Ⅱ, p.163, lin.4) という言明も，正しくないと考えられる。なぜなら，或る類に自体的に属する個体の本質に属するものはすべて，その個体の何性に属するのであり，従って本質的存在性である。しかるに，この個体的差異は，或る類に自体的に属する個体の本質に属する[*79]。それゆえ，云々。

　もし「何性・本質的存在性は共通でありうる存在性であることが必要とされる。すべての何性は共通でありうるものだからである」と反論されるとしたら，

　〔私は次のように答える。〕この言明は論拠がないと考えられる。なぜなら，あなた（スコトゥス）が「すべての何性は共通でありうるものである」と主張する[*80]のであれば，同様に容易に私も，「すべての実在的な何性は，種において異なるさまざまなものに共通であり，従って種の存在性は，何性・本質的存在性ではないであろう」と主張できることになるからである。それゆえむしろ，次のように言われるべきであると思われる。自体的に一であり，自体的に

cuius rei per se unius et exsistentis per se in genere, est entitas quidditativa, ita quod sive sit communicabilis sive incommunicabilis, nihil refert. Immo verius debet dici, sicut patebit, quod nulla entitas quidditativa realis est communicabilis nisi sicut forma communicatur materiae vel tali modo quo res distincta communicatur rei distinctae.

T e r t i o, non videtur bene dictum quod natura sit indifferens de se et tamen quod realiter sit differentia contrahens, quia sicut argutum est, illud quod est de se indifferens est indifferens; sed indifferens non est idem realiter cum non-indifferenti realiter; igitur natura et differentia contrahens non sunt idem realiter.

C o n f i r m a t u r, quia si sit de se indifferens, aut est realiter de se indifferens, aut non: si non, igitur nihil facit ad propositum; si sic, igitur potest realiter communicari, quod improbatum est prius.—Ex isto sequitur quod non videtur bene dictum quod natura sit de se indifferens et tamen appropriata per identitatem, quia si sit realiter, in hoc repugnat sibi esse in alio; igitur non est de se communis nisi forte negative.

Q u a r t o, non videtur bene dictum quod natura est realiter una numero, quamvis sit de se communis et sit una numero tantum denominative, quia quando aliqua faciunt vel constituunt unum per se, qua ratione passio vel proprietas unius denominat reliquum, eadem ratione e converso, sicut qua ratione pro-

或る類のうちに存在する事物の本質に属する存在性はすべて，何性・本質的存在性であり，それが共通なものでありうるか否かということは何ら関わりがない。いやより正しくは，次のように言われるべきである。後で明らかになるであろうごとく（OTh Ⅱ, pp.212-13），実的的何性・本質的存在性が共通なものでありうるとは，形相が質料と共通であり，さまざまな事物がさまざまな事物と共通であるという意味に他ならない。

第三に，「本性はそれ自体としては〔この存在性とかあの存在性とかに対して〕中立であり，しかし実在的には特定化する個体的差異である」（OTh Ⅱ, p.162, lin.4-5; p.163, lin.10-11）*81)という言明も，正しくないと考えられる。なぜなら先に論じられたごとく*82)，それ自体において（de se）中立であるものは，中立である。しかるに中立であるものが，実在的に非中立であるものと実在的に同一であることはない。従って，本性と特定化する個体的差異は実在的に同一ではない。

このことは，次のように確証される。もし本性がそれ自体においては，この存在性とかあの存在性とかに対して中立であるとしたら，本性は実在的にそれ自体において中立であるのか，中立でないのか。もし実在的にはそれ自体においては中立ではないのであれば，このことはここで議論されている問題と無関係である。他方，もし本性が実在的にそれ自体において中立であるとしたら，その場合には本性は実在的に共通でありうることになるが，これは先に（第二議論）否認された。——更に，以上のことから，「本性はそれ自体としては中立であるが，同一性によって或る事物に固有なものであるとされる」（OTh Ⅱ, p.163, lin.13-17）という言明も正しくないと思われるということが帰結する。なぜなら，もし本性が実在的に中立であるとすれば，まさにそのことによって，他の事物の内に内在することは本性それ自体に反することになるからである。それゆえ本性は，否定的な意味において以外には，それ自体において共通であることはない。

第四に，「本性は実在的には数的な一であるが，それ自体においては共通であり，単に派生的にのみ数的に一である」（OTh Ⅱ, pp.164-65）という言明も正しくないと思われる。なぜなら，或るもの（A, B）が自体的に一なるものを形成し構成する場合，何であれ或る理由から，それらの一方のもの（A）の属性や特性が他方のもの（B）に派生的に述語づけられるとしたら，同じ理由から，その逆に他方のもの（B）の属性や特性も一方のもの（A）に派生的に述

prietas materiae praedicatur denominative de forma, eadem ratione proprietas vel passio formae praedicabitur denominative de materia. Igitur cum natura et differentia contrahens faciant unum per se, qua ratione unitas numeralis praedicatur denominative de natura, ita quod natura est una numero realiter, eadem ratione unitas minor, quae est passio ipsius naturae, praedicabitur denominative de differentia individuali, ita quod differentia individualis realiter erit communis et una unitate minori; et per consequens totum singulare eadem ratione denominabitur ab utraque unitate, et ita singulare non plus erit unum numero quam commune vel erit unum unitate minori. Per hoc patet quod illud simile est ad oppositum, quia sicut differentia specifica non potest dici una unitate minori quam sit unitas specifica, ita unitas generis non potest dici una unitate maiori quam sit unitas generis.

Q u i n t o, non videtur bene dictum quod dicit quod 'universale in actu est illud quod habet aliquam unitatem indifferentem' etc., quia tunc oporteret quod universale in actu esset unum in multis et de multis. Modo quaero: aut illud universale est ens rationis et per consequens non est unum in multis singularibus extra animam nisi per praedicationem, quod est 'dici de multis'; igitur distinguendo 'esse in multis' a 'dici de multis' non est verum. Si autem illud universale sit extra animam, igitur est in re secundum aliquam unitatem.

S e x t o, non videtur bene dictum quod communitas et similiter singularitas conveniunt naturae extra intellectum, quia nihil extra intellectum est commune, cum extra intellectum sit quodlibet realiter singulare.

語づけられる*83)。例えば,何であれ或る理由から,質料の特性が派生的に形相に述語づけられるならば,同じ理由から,形相の特性や属性も派生的に質料に述語づけられる。従って同様に,本性と特定化する個体的差異も自体的に一なるものを形成するのであるから,何であれ,或る理由から,数的な一ということが派生的に本性に述語づけられ,本性が数的に一であるとするならば,同じ理由から,本性の属性であるより小さい(弱い)一ということも,派生的に個体的差異に述語づけられ,かくして個体的差異は実在的に共通であり,より小さい(弱い)一によって一であることになるであろう。従って同じ理由から,個物全体も両方の一によって呼ばれることになり,個物は数的に一であり,同じくまた,共通であり,より小さい(弱い)一によって一であることになるであろう。以上のことから,前述の色と白色の類似の例(OTh II, p.164, lin.20-p.165, lin.3)もスコトゥスと反対の結論を導くものであることは明らかである*84)。なぜなら種差が,種の一よりも小さい(弱い)一によって一であると言われることができないのと同様に,類の一も,類の一よりもより大きい(強い)一によって一であると言われることができないからである。

　第五に,「現実態における普遍(universale in actu)は,すべての個別的なものに対して中立的な一を有するものであり,云々」(OTh II, p.165, lin.13-17)とスコトゥスが述べている言明も,正しくないと思われる。なぜならその場合には,現実態における普遍は,多くのものにおける一(unum in multis)であり,多くのものについての一(unum de multis)でなければならないからである。さてその場合,私は,この普遍は概念的に存在するものであるのかと問う。もし,そうであるとしたら,このような普遍が心の外の多くの個物における一であるのは,述語づけによってであることになり,これはまさに,普遍が〈多くのものについて言われる〉場合と同じである。それゆえ,〈多くのものにおいて存在する〉ということを,〈多くのものについて言われる〉ということから区別するとしたら,このことは真ではない。他方,もしこのような普遍が心の外に存在するのであれば,或る特定の一によって或る個物の内に存在するはずである。
　第六に,「共通性も,同様に個別性も,知性の外の本性に属する」(OTh II, p.166, lin.10-11)という言明も正しくないと思われる。知性の外のものはいずれも実在的に個であるのだから,知性の外のものが共通であることはないからである。

RESPONSIO AUCTORIS

Ideo dico aliter ad quaestionem. Et primo ostendo istam conclusionem quod quaelibet res singularis se ipsa est singularis. Et hoc persuadeo sic: quia singularitas immediate convenit illi cuius est, igitur non potest sibi convenire per aliquid aliud; igitur si aliquid sit singulare, se ipso est singulare.

Praeterea, sicut illud quod est singulare se habet ad esse singulare, ita illud quod est universale se habet ad esse universale; igitur sicut illud quod est singulare non potest per aliquid additum sibi fieri universale vel commune, ita illud quod est commune non potest per aliquid sibi additum fieri singulare; igitur quidquid est singulare per nihil additum est singulare sed se ipso.

S e c u n d a c o n c l u s i o, quod omnis res extra animam est realiter singularis et una numero, quia omnis res extra animam vel est simplex vel composita. Si sit simplex, non includit multas res; sed omnis res non includens multas res est una numero, quia omnis talis res et una alia res consimilis praecise sunt duae res; igitur utraque illarum est una numero, igitur omnis res simplex est una numero. Si sit composita, tandem oportet devenire ad certum numerum partium, et per consequens quaelibet illarum partium erit una numero, et per consequens totum compositum ex eis erit unum numero vel erit unum aggregatione.

Et hoc etiam potest argui sub ista forma: accipio illam rem quam non ponis rem singularem et quaero: aut includit plures

著者自身の解答

　それゆえ，私は，この問題に対して別の仕方で語る。第一に，如何なる個別的な事物もそれ自身で個である，という結論を示す。私はこのことを次のごとく説得する。個別性はそれが属するところの事物に直接に属しており，従って，個別性が他のものによって属するということはありえない。それゆえ，もし或るものが個別的であるならば，そのものは，それ自身によって個である。

　更にまた，個であるものが個別的な存在に対する関係と，普遍であるものが普遍的な存在に対する関係は同じである。それゆえ，個であるものがそれに付け加えられたものによって普遍や共通なものとなることができないのと同様に，共通であるものがそれに付け加えられたものによって個となることもできないのである。従って，個であるものはいずれも，付け加えられたことによってではなく，それ自身によって個である。

　第二の結論は次のごとくである。心の外のすべての事物は実在的に個であり，数的に一である。なぜなら，心の外のすべての事物は単一なものであるか，複合体であるか，どちらかである。もし単一なものであるとすれば，それは多くのものを含まない。しかるに，多くのものを含まない事物はすべて，数的に一である。このような事物と，他の一つの類似した事物はすべて，判然と二つの事物だからである。それゆえ，これらの事物の両方とも数的に一であり，従ってすべての単一な事物が数的に一である。他方，もし事物が複合体であるとすれば，それは最終的に或る一定の数の部分へと到達しなくてはならない。かくして，これらの部分のいずれも数的に一であり，従ってこれらの部分から成る複合体全体も数的に一である，あるいは結合によって一であることになるであろう。

　以上のことは，次の形式で論証されることができる。あなたが個別的なものではないと考える事物を取り挙げ，それは複数のものを含んでいるのか否かと

res aut non. Si non, accipio unam consimilem distinctam realiter et arguo sic: istae res sunt distinctae realiter et non sunt in numero infinito, igitur in numero finito, et non nisi in dualitate, manifestum est; igitur sunt hic praecise duae, et per consequens utraque illarum erit una numero. Si autem includit plures res et non infinitas, igitur finitas, et per consequens est ibi numerus rerum, et ita quaelibet illarum inclusarum erit una numero et singularis. Ex istis sequitur quod quaelibet res extra animam se ipsa est singularis, ita quod ipsamet sine omni addito est illud quod immediate denominatur ab intentione singularitatis. Nec sunt possibilia quaecumque a parte rei qualitercumque distincta quorum unum sit magis indifferens quam reliquum vel quorum unum sit magis unum numero quam reliquum nisi forte unum sit perfectius alio, sicut iste angelus est perfectior isto asino. Et ita quaelibet res extra animam se ipsa erit haec; nec est quaerenda aliqua causa individuationis nisi forte causae extrinsecae et intrinsecae, quando individuum est compositum, sed magis esset quaerenda causa quomodo possibile est aliquid esse commune et universale.

R e s p o n d e o igitur ad formam quaestionis, quod illud quod est universale et univocum non est aliquid realiter ex parte rei distinctum formaliter ab individuo. Quod enim non sit distinctum tantum formaliter patet, quia tunc quandocumque praedicaretur superius de inferiori, praedicaretur idem de se, quia superius et inferius essent eadem res; consequens est falsum, quia tunc nunquam idem genus praedicaretur de diversis speciebus, sed esset aliud et aliud praedicatum, quod videtur inconveniens.

私は問う。(1)もし複数のものを含んでいないとしたら，それと類似しているが実在的に異なる別な一つの事物を取り出し，私は次のように議論する。これらの事物は実在的に異なるが，無限な数のものではない。それゆえ有限な数のものであり，二に他ならないことは明らかである。それゆえ，ここには判然と二つの事物が存在するのであり，従ってこれらの事物の両方とも数的に一であるだろう。他方，(2)もし複数のものを含んでいるとしても，それは無限なものではなく，有限なものであり，従ってそこには多数の事物が存在するのであり，含まれている事物のいずれも数的に一であり，個別的なものであることになるであろう。これらから，「心の外の事物はすべて，それ自身によって個であり，如何なる付け加えがなくても，事物自身が個別という概念によって直接に呼ばれるものである」ということが帰結する。更に，外界の実在の事物の側において，何であれ，それらが如何に区別されようとも，それらの一方が他方よりも完全である（例えば天使がロバよりも完全である）ということを除けば，一方が他方よりも中立であることはありえない。また，それらの一方が他方よりも数的に一であることもありえない。それゆえ，心の外の事物はいずれも，それ自身によってこのものであることになるであろう。従って個体が複合体である時に，その外的な原因や内的な原因が探求される場合を別にすれば，或る事物が個体であることの原因が探求されるべきではない。むしろ，或るものが共通であり普遍であることが如何にして可能なのかという原因が探求されなくてはならぬ。

　従って私は，問いに対しては次のように答える。普遍で同義的であるものは，個体から形相的に区別された，外界の事物の側の実在的なものではない。単に形相的にのみ異なるのではないことは明らかである。なぜなら，〔上位のものと下位のものが単に形相的にのみ異なるとするならば，〕その場合，上位のものと下位のものは実在的には同一のもの (res) であるのだから，上位のものが下位のものに述語づけられる時には常に，同一のものが同一のものに述語づけられることになるからである。この結論は偽である。その場合には，同一の類がさまざまな種に述語づけられるのではなく，或る種に対する類である述語と他の種に対する類である述語が別であることになるが，これは不都合であると考えられるからである[*85)]。

AD ARGUMENTA SCOTI

Ad p r i m u m argumentum alterius opinionis dico quod 'inesse alicui' potest esse dupliciter : vel realiter vel secundum praedicationem, quomodo dicitur praedicatum inesse subiecto de
5 quo dicitur. Primo modo verum est quod cuicumque inest aliquid, inest sibi in quocumque. Secundo modo non oportet, si subiectum sit terminus communis, et ideo non sequitur : si natura hominis de se sit haec, quod in quocumque est natura hominis quod est hic homo. Tamen ista propositio 'natura hominis de se est haec'
10 est distinguenda, quamvis forte non de virtute vocis seu sermonis, eo quod natura hominis potest supponere simpliciter vel personaliter, hoc est, eo quod potest stare pro re extra animam vel pro se. Si secundo modo, sic est haec falsa 'natura lapidis est de se haec', quia tunc denotatur quod conceptus mentis, qui est universalis,
15 de se est hic lapis; et hoc est falsum, quia iste conceptus nec de se nec per quamcumque potentiam potest esse hic lapis, quamvis posset vere praedicari de eo, non pro se sed pro re extra. Si accipiatur primo modo, sic est haec vera 'natura hominis de se est hic homo', et tamen cum hoc stat quod natura hominis de se sit
20 ille homo, immo quod natura hominis de se non est hic homo, quia cum natura hominis sit terminus communis, illae poterunt esse verae, sicut duae subcontrariae quarum utraque verificatur pro alio et alio singulari, quia tunc aequipollent istis particularibus :
'aliqua natura de se est haec', quae verificatur pro hac natura; et

スコトゥスの論証に対して

　他の（スコトゥス）の見解を支持する第一の論証（OTh Ⅱ, p.167, lin.5-8）に対しては，私は次のように述べる。「或るものに属する」（'inesse alicui'）ということには，二通りの意味がありうる。第一は，実在的に或るものに属するという意味である。第二は，述語が主語に述語づけられる時に，述語が主語に属すると言われる場合のように，述語づけによって或るものに属するという意味である。第一の意味では，「何であれ，或るものに属する事柄は，そのものが見いだされる如何なる事物においても，そのものに属する」ということは真である。しかし，第二の意味においては，もし命題の主語が共通な普通名辞であるとしたら，このことは必ずしも真ではない。従って，この場合には，〈もし人間の本性が自体的にこのものであるとしたら，如何なる事物において人間の本性が存在するとしても，それはこの人間である〉という推論は成立しない。「人間の本性は自体的にこのものである」という命題は，おそらく文字通りの意味ではないとしても，いくつかの意味に区別して考察されなくてはならない。「人間の本性」という語は②単純代示を行なうことも，①個体代示を行なうこともありうる，すなわち①心の外の事物を代示することも，②心の中の概念そのものを代示することもありうるからである。②の意味では，「石[*86)]の本性は自体的にこのものである」という命題は偽である。この場合には，精神の中の普遍である概念が自体的にこの石であるということが意味されていることになり，このことは偽だからである。「石の本性」という普遍的な概念は，自らではなく，外界の事物を代示し，この石に真に述語づけられうるけれども，しかしこの概念がそれ自体によってであれ，何らかの他の力によってであれ，この石であることはありえないからである。他方，①の意味に解されるのであれば，「人間の本性は自体的にこの人間である」という命題は真であるが，しかしこの命題は，「人間の本性は自体的にあの人間である」という命題とも両立可能であり，いやそれどころか，「人間の本性は自体的にこの人間ではない」という命題とも両立可能である。「人間の本性」は多くの事物に共通な普通名辞であるのだから，これらの命題はともに真でありうるだろうからである。それはちょうど，二つの小反対対当の命題が，それらの両方とも，別々

'aliqua natura de se non est hic homo', quae verificatur pro alia natura quae non est haec natura. Et eodem modo sicut ista stant simul 'homo est Sortes', 'homo est Plato', ita ista stant simul 'natura hominis de se est hic homo', 'natura hominis de se est iste homo'. Et quando d i c i t 'si natura hominis de se est hic homo, igitur in quocumque est natura hominis, illud est hic homo': r e s p o n d e o quod non sequitur formaliter de virtute sermonis, sed est fallacia figurae dictionis, eo quod commutatur unus modus supponendi in alium. Nam in ista 'natura hominis de se est hic homo', ibi 'natura hominis' supponit determinate, in consequente autem magis supponit confuse tantum.Tamen quidquid sit de hoc, haec erit vera 'natura hominis in quocumque est, illud est hic homo', quia habet unam singularem veram, scilicet: haec natura hominis in quocumque est, illud est hic homo. Et tunc arguendo sic: 'natura hominis in quocumque est, illud est hic homo; natura hominis est in isto homine; igitur iste homo est hic homo', est fallacia consequentis, quia arguitur ex omnibus indefinitis. Sed quantum ad diversitatem illarum propositionum, quarum una negatur et alia conceditur, est dicendum uniformiter sicut de istis: cuiuslibet hominis asinus currit, asinus cuiuslibet hominis currit.

|§ Sciendum tamen quod quando dicitur 'natura hominis de se est hic homo', debet intelligi ut sit constructio intransitiva, hoc est 'natura quae est homo est de se hic homo'. §|

の個物を代示するがゆえに真であるとされるのと同様である。「人間の本性は自体的にこの人間である」という命題と「人間の本性は自体的にこの人間ではない」という命題は，「或る本性は自体的にこのものである」（この命題は，この本性を代示しているがゆえに真であるとされる）という特称命題と「或る本性は自体的にこの人間ではない」という特称命題（この命題はこの本性ではなく，別の本性を代示するがゆえに真であるとされる）とに同値であるからである。同じくまた，「人間はソクラテスである」と「人間はプラトンである」が同時に両立可能であるのと同様に，「人間の本性は自体的にこの人間である」という命題と「人間の本性は自体的にあの人間である」という命題も同時に両立可能である。更にスコトゥスが，〈もし人間の本性が自体的にこの人間であるとしたら，如何なる事物において人間の本性が存在するとしても (in quocumque est natura homonis)，それはこの人間である〉と主張する時，私は次のように答える。文字通りに解されるならば，この推論は形式的に成立しない。或る代示の仕方が，他の代示の仕方へと変化しているのであるから，語の表現形式に基づく誤謬が存在する。すなわち，「人間の本性が自体的にこの人間である」という命題において「人間の本性」という語は特定代示を持つが，後件命題において「人間の本性」という語は一括的な不特定代示を持つ[*87]からである。ただし，この推論が如何に誤りであるとして，「人間の本性が如何なる事物において存在するとしても (natura homonis in quocumque est)，それはこの人間である」という命題は真であるだろう。この命題は一つの真である単称命題，すなわち「この人間の本性が如何なる事物において存在するとしても，それはこの人間である」を有するからである。しかしその場合にも，〈人間の本性が如何なる事物において存在するとしても，それはこの人間である．しかるに，人間の本性はあの人間において存在する。ゆえに，あの人間はこの人間である〉と議論するとしたら，推論における誤謬が存在する。前提がすべて不定称の命題から議論されているからである。一方が否定され，他方が真として認められる〔「如何なる事物において人間の本性が存在するとしても (in quocumque est natura homonis)，それはこの人間である」と「人間の本性が如何なる事物において存在するとしても (natura homonis in quocumque est)，それはこの人間である」という〕これらの命題の相違に関しては，「どの人間のロバも走る」'cuiuslibet hominis asinus currit'と「ロバは，どの人間のものであっても，走る」'asinus cuiuslibet hominis currit'という命題の場合と同様のことが言われなくてはならぬ。更にまた，「人間の本性は自体的にこの人間である」と

Ad s e c u n d u m concedo quod cui convenit de se unum oppositorum ei de se repugnat aliud oppositum. Et ideo, quia natura de se est haec, secundum quod natura supponit personaliter, ideo concedo uniformiter quod naturae repugnat multitudo numeralis, hoc est naturae repugnat esse in alio et naturae repugnat esse in multis. Prima istarum verificatur pro una singulari, quia huic naturae repugnat esse in alio; cum hoc tamen stat quod naturae non repugnat esse in alio, immo naturae de se convenit esse in alio, | § hoc est naturae convenit esse aliud; § | quae verificatur pro alio singulari, quia, sicut dictum est, istae sunt duae indefinitae, et per consequens, cum subiectum in eis supponat personaliter, aequipollent duabus particularibus quarum utraque habet aliquam singularem veram, et per consequens utraque est simpliciter vera. Ista autem 'naturae repugnat esse in multis' est vera pro qualibet singulari, quia cuilibet naturae repugnat esse in multis.

S i d i c a t u r : naturae non repugnat praedicari de multis, igitur nec sibi repugnat esse in multis:

R e s p o n d e o quod antecedens est distinguendum, eo quod subiectum potest supponere personaliter, et sic est simpliciter falsa, quia quaelibet singularis est falsa, scilicet 'isti naturae non repugnat etc.' et 'illi naturae non repugnat etc.', et sic de singulis. Vel potest subiectum supponere simpliciter, et sic est antecedens

言われる時に，この命題を，目的語をとらない文構造を持つもの（constructio intransitiva）*88)として，すなわち〈人間である本性は自体的にこの人間である〉という意味に解されるべきであることが知られなくてはならぬ。

第二の論証（OTh II, p.167, lin.9-11）に対しては，私は次のように述べる。「相対立するものの一方が自体的に適合するところのものに，対立するもう一方は自体的に矛盾する」ということを私は正しいと認める。それゆえ，「本性」という語が個体代示を行なうならば，本性は自体的にこのものであるのだから，数的に多であることが本性に矛盾するということ，すなわち① 他の事物の内に在ることが本性に矛盾すること，② 多くの事物の内に在ることが本性に矛盾することを私は同じ様に真であると認める。これらのうち，命題①は，或る個別的な本性を代示するがゆえに真であるとされる。他の事物の内に在ることは，この本性に矛盾するからである。しかし，この命題①は，「他の事物の内に在ることは本性に矛盾しない」という命題とも両立可能であり，いやそれどころか，「他の事物の内に在ることは本性に自体的に適合する」すなわち「他の事物であることは本性に適合する」という命題とも両立可能である。これらの命題は，他の個別的な本性を代示するがゆえに真であるとされる。前述（第一の論証に対する解答）の場合と同様に，これら〔「他の事物の内に在ることは本性に矛盾する」，「他の事物の内に在ることは本性に矛盾しない」〕は二つの不定称命題であり，これらの命題において主語（「本性」）は個体代示を行なうのであるから，従って，これらは二つの特称命題と同値である*89)。これらの特称命題の両方とも，或る真なる単称命題を有しており，従って両方とも無条件に真である。更に，命題②「多くの事物の内に在ることは本性に矛盾する」も，どの個別的な本性を代示するとしても，真である。多くの事物の内に存在することは，どの本性にも矛盾するからである。

もし「本性には，多くのものに述語づけられることが矛盾しない。ゆえに，本性には，多くの事物の内に在ることが矛盾しない」と反論されるならば，

私は次のように答える。この推論の前件命題は区別して考察されなくてはならぬ。① 主語（「本性」）は個体代示を行なうことがありうるからであり，その場合には命題は無条件に偽である。なぜなら，どの単称命題，すなわち「この本性には，多くのものに述語づけられることが矛盾しない」も，「あの本性には，多くのものに述語づけられることが矛盾しない」も偽であり，その他の単称命題に関しても同様だからである。② 他方，主語（「本性」）は単純代示を行なうこともありうるからであり，その場合には前件命題は真である。なぜ

p.201 verum, quia tunc denotatur quod istud commune 'natura', quod non est in re sed tantum in mente potest praedicari de multis, non pro se sed pro rebus. Primo modo consequentia est bona, quia tam in antecedente quam in consequente subiectum supponit
5 personaliter. Secundo modo non valet, quia tunc in antecedente subiectum supponit simpliciter et in consequente personaliter, et ita est fallacia aequivocationis penes tertium modum. Si tamen subiectum consequentis posset habere suppositionem simplicem, consequens esset negandum et consequentia neganda, accipiendo
10 'esse in' pro 'esse in aliquo realiter et subiective', quia sic natura in nullo singulari est, hoc est dictu: istud commune in nullo singulari est subiective.

S i d i c a t u r quod aliquid eodem est hoc aliquid et distinguitur ab omni alio hoc aliquo; sed natura de se non distinguitur
15 ab alio hoc aliquo, tunc enim non esset ille lapis; lapis igitur de se non est hic lapis:

R e s p o n d e o, sicut prius, quod haec est vera: natura lapidis de se distinguitur ab omni alio hoc aliquo pro una singulari, secundum quod subiectum supponit personaliter. Et haec similiter
20 est vera pro alia singulari: natura lapidis de se est alius lapis ab isto. Et ideo non sequitur quod alius lapis non sit lapis, sicut non sequitur: homo distinguitur a Sorte vel homo non est Sortes; et homo est Sortes; igitur Sortes non est Sortes vel distinguitur a Sorte.

p.202 Est etiam illud argumentum principale ad oppositum, quia sicut quando alicui convenit de se unum oppositum ei de se re-

なら、その場合には、外界の事物においてあるのではなく、単に精神の中にのみ存在し、自らではなく、外界の事物を代示する「本性」という共通な概念が、多くのものに述語づけられることが可能であるということが意味されているからである。①の場合には、推論そのものは正しい。前件命題においても、後件命題においても、主語は個体代示を持つからである。他方、②の場合には、推論は妥当ではない。その場合には、前件命題の主語は単純代示を行ない、後件命題の主語は個体代示を行なっているのであるから、同名異義の第三の様式の誤謬[*90]が犯されている。更に、たとえ後件命題の主語が単純代示を持つことがありうるとしても、その場合にも、「の内に在る」ということを「実在的に或るものを基体として、その内に存在する」の意味に解するならば、後件命題は否定されるべきであるし、推論も否定されなくてはならぬ。なぜなら、このような心の中の概念という意味での「本性」が外界の個物の内に存在することはないからである、すなわち「本性」という共通な概念が、外界の個物を基体としてその内に存在することはないからである。

　もし「同一の存在によって、或るものは〈この或るもの〉であり、〈この或るもの〉以外のすべてのものから区別される。しかるに、本性はそれ自体としては〈この或るもの〉以外のものから区別されない。もし区別されるとしたら、その場合には、石の本性は〈あの石〉ではないことになってしまうからである。それゆえ石〔の本性〕はそれ自体としては〈この石〉ではない」と反論されるならば、
　私は、次のように答える。前述のごとく、「石の本性はそれ自体としては〈この或るもの〉以外のすべてのものから区別される」という命題は、主語（「本性」）が個体代示を行なうならば、或る個別的な本性を代示するがゆえに真である。同様に、「石の本性はそれ自体としては〈この石〉以外の石である」という命題も、この本性以外の個別的な本性を代示するがゆえに真である。従って、「この石以外の石は石ではない」ということは帰結しない。それはちょうど、〈人間はソクラテスから区別される。人間はソクラテスではない。しかるに、人間はソクラテスである。ゆえに、ソクラテスはソクラテスではない。あるいは、ソクラテスはソクラテスから区別される〉という推論が成立しないのと同様である。
　更に、主要な議論 (OTh II, p.167, lin.9-11) も、スコトゥスと正反対の結論へと導くものである。すなわち、相対立するものの一方が自体的に或るものに

pugnat aliud oppositum, ita quando alicui convenit unum oppositum, eidem, dum sibi convenit illud oppositum, repugnat sibi aliud oppositum; sicut si Sorti convenit esse album, dum Sortes est albus non potest sibi convenire aliud oppositum, scilicet quod sit niger. Igitur si natura lapidis est haec, natura lapidis, dum est haec, non potest esse in alio, et ita dum est hic lapis non potest esse aliquis lapis quin sit iste. Et ita patet quod argumentum est contra se ipsum. Et ideo et p r o   e o et p r o   m e respondendum est sicut dictum est.

Ad t e r t i u m dicendum est quod aliquod obiectum est prius naturaliter ipso actu et aliquod non, et ideo universale numquam est prius naturaliter ipso actu, nec est ista propria ratio obiecti intellectus, scilicet universale in actu, quia, sicut patebit a l i a s, primum obiectum intellectus primitate generationis est ipsum singulare, et hoc sub propria ratione et non sub ratione universalis.

Ad q u a r t u m dico quod nulla est unitas naturae exsistentis in isto lapide quin aeque primo sit istius lapidis. Tamen distinguo de unitate: uno modo dicitur unitas secundum quod denominat praecise aliquid unum et non plura, nec unum in comparatione ad aliud distinctum ab eo realiter, et isto modo dico quod omnis unitas realis est unitas numeralis. Aliter dicitur unitas secundum quod denominat plura, vel unum in comparatione ad aliud distinctum realiter, et isto modo unitas specifica denominat ipsum Sortem et Platonem, et unitas generis denominat istum hominem et istum asinum, non aliquid quocumque modo distinctum ab ipsis individuis, sed denominat immediate ipsa individua. Unde sicut vere dicitur quod Sortes et Plato sunt unum vel idem specie, et

適合する時には，対立するもう一方は自体的にそのものに矛盾する。同様に，相対立するものの一方が或るものに適合する時には，相対立するものの一方が或るものに適合している限り，対立するもう一方は同じものに矛盾する。例えば，もし白いものであるということがソクラテスに適合するとしたら，ソクラテスが白い限り，相対立するもう一方のこと，すなわちソクラテスが黒いということがソクラテスに適合することはできない。従って，もし石の本性がこのものであるとしたら，このものである限り，石の本性は他の石の内に存在することはできないのであり，同様にこの石である限り，石の本性は，この石以外の他の石であることはできない。従って，ここでの議論は，スコトゥス自身の見解に反対するものであることは明らかである。それゆえ，スコトゥスに対しても，私のためにも，上述のごとくに答えられなくてはならぬ。

　第三の論証（OTh Ⅱ, p.167, lin.12-18）に対しては，次のように言われなくてはならぬ。或る対象は認識の働きよりも本性的により前であるが，或る対象はより前ではない。従って普遍が，認識の働きよりも本性的により前であることはない。更に，普遍すなわち現実態における普遍が，知性の対象に固有な性質であることもない。他の箇所[*91]で明らかなごとく，認識の生成の始めにおける知性の第一の対象は個物なのであり，そこにおいて対象は，普遍的な性質においてではなく，それに固有な性質において認識されている。

　第四の論証（OTh Ⅱ, p.167, lin.19-p.168, lin.15）に対しては，私は次のように述べる[*92]。この石に存在する本性の一性は，正当に第一義的にこの石に属するものでなければならない。私は〈一性〉を次のように区別する。第一の意味で〈一〉と呼ばれるのは，複数の物ではなく，截然と或る一つの物を指示し，その一つの物を，それと実在的に異なる他の物との関連において指示しているのではない場合である。この意味で私は，「すべての実在的な一は数的な一である」と述べているのである。第二の意味で〈一〉と呼ばれるのは，複数の物を指示する，すなわち或る一つの物を，それと実在的に異なる他の物との関連において指示する場合である。この意味では，種における一はソクラテスとプラトンを指示し，類における一はこの人間とこのロバを指示する。しかし，この意味での〈一〉は，これら複数の個物と何らかの仕方で異なった別のものを指示しているのではなく，直接にこれらの個物そのものを指示しているのである。それゆえ，「ソクラテスとプラトンは種において同一である」，「ソクラテスはプラトンと種において同一である」と言われるのは真であり，同様にまた，「この人間とこのロバは類において同一である」，「この人間はこのロ

Sortes est idem specie cum Platone, ita vere dicitur quod iste homo et iste asinus sunt idem genere et quod iste homo est idem vel unus genere cum isto asino, hoc est dictu quod ista sub eadem
10 specie vel sub eodem genere continentur. Quam expositionem expresse ponit P h i l o s o p h u s, I *Topicorum*, cap. 'De eodem', sicut dictum est in prima quaestione istius materiae. Et isto modo concedo quod non omnis unitas vel identitas realis est numeralis; sed ista unitas non convenit naturae quocumque modo distinctae
15 ab individuis, sed convenit immediate ipsis individuis vel uni in comparatione ad reliquum, quod idem est.

Sed quia argumenta v a d u n t contra primum intellectum, ideo respondeo ad ea. Ad p r i m u m, quando dicitur secundum P h i l o s o p h u m quod 'in omni genere est unum primum
20 quod est metrum et mensura omnium aliorum illius generis', dico quod, sicut patebit in secundo libro, mensura aliquando est vera res extra animam, sicut per ulnam mensuratur pannus; aliquando mensura est tantum quidam conceptus in mente. Prima mensura debet esse una unitate numerali. Sed haec est falsa quod in omni genere est tantum unum quod est mensura omnium aliorum; sed si habeat veritatem, debet ita intelligi quod in omni genere est aliquid quod est mensura omnium aliorum specie distinctorum. Non autem oportet quod sit mensura omnium aliorum, sive distin-
5 guantur specie sive non, et isto modo sunt plura quorum quodlibet est mensura omnium aliorum specie distinctorum, et quodlibet illorum est unum unitate numerali.

Et quando dicitur 'unitas primi mensurantis est realis', dico quod si ly primi teneatur positive, sic est haec falsa propter falsam

バと類において同一である」と言われることも真である。すなわち、これらは同一の種、あるいは同一の類のうちに含まれているのである。明らかにアリストテレスは『トピカ』第1巻、同一に関する章（第7章）において、このような説明を行なっている。このことは、普遍についての議論の最初の問題（第四問題）の中で＊93)述べられたごとくである。この意味においては私は、必ずしもすべての実在的一性あるいは同一性が数的なものではないことを認める。しかしこうした第二の意味での一性は、これらの個体と何らかの仕方で区別されている本性に属するものではなく、直接にこれらの個物そのものに属するものである。あるいは同じ事であるが、他の物との関連において或る一つの物に属するものなのである。

更に、そこでも諸々の議論も私の先の考えに反するのであるから、それらに対しては私は次のように答える。第一の議論（OTh Ⅱ, p.168, lin.16-p.169, lin.11）に対しては、次のように言わなくてはならぬ＊94)。アリストテレスによれば、「すべての類には、その類に属している他のすべてのものの原理であり尺度である、第一の〈一なるもの〉が存在する」と言われる時には、私は次のように答える。①〔この書『センテンチア註解』の〕第2巻において＊95)明らかになるであろうごとく、例えば腕（尺）によって布の長さが測られる場合のように、尺度は或る場合には心の外の真なる事物であり、或る場合には精神の中の単なる概念である。しかしいずれにしても、第一の尺度であるものは、数的な一によって一であるものでなければならない。②「すべての類には、他のすべてのものの尺度である、ただ一つのものが存在する」ということは偽である。もしこの命題が或る真理を持つとすれば、〈すべての類には、種において異なる他のすべてのものの尺度である、或るものが存在する〉という意味に理解されなければならない。しかし、こうした或るものは、種において異なるものであれ、異ならないものであれ、それら他のすべてのものの尺度である必要はない。更に、尺度をこのような意味に理解する場合には、尺度が複数存在することになり、それらのいずれも、種において異なる他のすべてのものの尺度であり、数的な一によって一であることになる＊96)。

「この第一の尺度である一は、実在的なものである」（OTh Ⅱ, p.168, lin.18-19）と言われる時には、私は次のように答える。もし「第一の」という語句が肯定的に解される＊97)のであれば、この命題は誤りを含んでいるが故に偽であ

implicationem, quia nihil est sic primum mensurans. Si autem teneatur negative, concedo eam, quia talia prima sunt multa, scilicet quodlibet individuum illius speciei, maxime si quodlibet sit aeque simplex.

Et quando dicitur quod 'nullum singulare est mensura omnium illorum quae sunt in illo genere', concedo quod non individuorum eiusdem speciei, sed est mensura omnium specie distinctorum; et hoc sufficit ad propositum. |§ Verumtamen sciendum quod P h i l o s o p h u s vel principaliter vel solum loquitur de illis quae sunt eiusdem speciei, sicut patet per exempla sua ibidem, et de illis quae habent individua quorum aliqua sunt maiora et aliqua minora, et vult quod aliquid quod est minus aliis sit mensura aliorum, non tamen omnium individuorum illius speciei sed tantum illorum quae non sunt ita parva. §|

Ad s e c u n d u m dico quod in specie atoma fit comparatio, non propter unitatem conceptus nec praecise propter unitatem numeralem nec praecise propter unitatem specificam,—sive ponatur sicut posita est in principio solutionis istius argumenti, sive ponatur secundum modum a l i q u o r u m falsum imaginandi—, quia tunc in omni specie atoma esset comparatio. Sed propter hoc est comparatio, quia plura individua eiusdem speciei possunt facere unum individuum, et ideo ubi multa |§ indistincta loco et subiecto §| possunt facere unum, ibi ponenda est talis comparatio et non alibi. Et quia hoc est possibile de individuis eiusdem speciei et non de individuis diversarum specierum, ideo in specie atoma ponitur comparatio et non in genere. Verbi gratia, hoc album dicitur

る。何物も，このような意味で第一の尺度であることはないからである。他方，もし「第一の」という語句が否定的に解されるのであれば，この命題は真であると私は認める。なぜなら，このような意味で第一のものは多数存在するのであり，すなわち，その種に属しているどの個物も，このような意味では第一の尺度だからである。どの個物も等しく単一な事物である場合には，特にそうである。

「個物が，その類に属している他のすべての物の尺度であることはない」(OTh Ⅱ, p.169, lin.2-3) と言われる時には，私は，〈或る個物が同じ種に属している他の諸々の個物の尺度であることはない〉ということを真として認める。しかし或る個物が，別の種に属している他のすべての個物の尺度であるということはありうるのであって，ここで提起された問題のためには，それだけで充分である。ただし，アリストテレスの場合には，そこで〔『形而上学』第3巻第3章 999a12-13〕彼が挙げた例から明らかなごとく，主として，あるいは専ら，同じ種に属し，それらのうちの或る物はより大きい個物であり，或る物はより小さい個物であるものについて語っていることが知られなくてはならぬ。他よりも小さい物が，他の物の尺度となるのであり，しかし同じ種に属しているすべての個物の尺度であるわけではなく，ただ多くの個物の尺度となるということを，彼は言おうとしたのである。

第二の議論（OTh Ⅱ, p.169, lin.12-p.170, lin.7）に対しては，私は次のように述べる。最下位の種において比較が行なわれるのは，概念の一によるのでも，まさに数的な一によるのでもない。更にまた，——種における一ということが，この論証に対する解答の最初において（OTh Ⅱ, p.202, lin.18-p.203, lin.16）私によって主張されたごとき仕方で解されるのであれ，或る人々（スコトゥス）の誤った考え方に基づいて解されるのであれ——，まさに種における一によって比較が行なわれるのでもない。なぜならその場合には，すべての最下位の種において比較が行なわれることになってしまうからである。そうではなくて，比較が行なわれうるのは，同じ種に属する複数の個々のものが一つの個物を形成することが可能だからであり，それゆえ，場所や基体において異ならない多数のものが一つのものを形成することが可能である場合にのみ，このような比較が行なわれうるのであって，他の場合には比較は行なわれない[*98]。こうしたことは同じ種に属する個物の場合にのみ可能であり，異なった種に属する個物の場合には可能ではないのであるから，最下位の種において比較が行なわれ，類においては行なわれないのである。例えば，この白いものが他の白い

albius alio albo quia habet plures partes albedinis │§ in eodem subiecto primo, §│ et si isto modo plures partes albedinis et nigredinis concurrerent simul ad faciendum per se unum colorem, illud posset dici coloratius alio.

Et quando dicitur quod ista comparatio non fit secundum unitatem numeralem, verum est primo modo loquendo de unitate numerali, et ideo fit secundum unitatem specificam, quia fit secundum duo quorum utrumque est unum numero, nec requiritur aliquid tertium quocumque modo distinctum ab istis duobus.

Ad t e r t i u m dico quod ponendo similitudinem esse relationem distinctam realiter ab extremis, tunc dicendum quod sunt hic duae similitudines habentes duo fundamenta realia quorum utrumque est unum numero, et ideo illud unum non est ratio fundandi similitudinem eiusdem ad se sed est ratio fundandi similitudinem sui ad aliud. Quod autem intelligat P h i l o s o p h u s de uno numero patet, quia postquam dixit quomodo simile, idem et aequale dicuntur secundum unum, postea subdit : «Unum autem numeri principium et metrum»; igitur non intelligit de aliqua unitate alicuius quod non est unum numero.—sed numquid est concedendum quod ista unitas est ratio fundandi istam relationem? Dicendum est quod, secundum i s t o s qui ponunt istas relationes realiter distingui, non est plus ponendum quod unitas est proxima ratio fundandi similitudinem quam relationes alterius modi; sed differentia est in hoc quod ad istas relationes requiritur aliqua unitas realis secundo modo dicta in principio solutionis istius argumenti, qualis non requiritur ad alias relationes alterius modi, quia ad istas requiritur saltem unitas specifica,

ものよりもより白いと言われるのは，このものが同一の第一の基体において，より多くの白さの部分を有しているからなのである。同様に，もしより多くの白さと黒さの部分が同時に一緒に集まり，自体的に一つの色を形成するとしたら，そのものは他のものよりもより多くの色を持つと言われることができるであろう。

更に，「このような比較が数的な一によって行なわれることはない」と言われる（OTh Ⅱ, p.169, lin.10-11）時には，次のように答える。第一の意味で言われた数的な一に関しては，この主張は正しい。それゆえ，種における一によって行なわれるのである。というのも，それらのいずれも数的に一である二つの事物によって比較が行なわれるからであり，その場合，これら二つの事物と何らかの仕方で区別された第三のものが必要とされることはない[*99]。

第三の議論（OTh Ⅱ, p.170, lin.8-13）に対しては，私は次のように答える[*100]。「類似は，関係を構成する項（個物Aと個物B）とは実在的に異なる関係である」と主張されるならば，ここにおいては，二つの実在的な根拠を持つ二つの類似が成立しているのであり，それら二つの実在的な根拠（個物A，個物B）はいずれも，数的に一であると言わなくてはならぬ。この数的に一であるものは，自己の自己自身に対する類似を根拠づける基礎ではなく，自己の他のものに対する類似を根拠づける基礎なのである。アリストテレスが〔『形而上学』第5巻第15章の中で〕数的な一のことを考えていたという事は明らかである。なぜなら，類似とか同一とか等しいといった関係が如何なる仕方で一に基づいて言われるのかを述べた後で彼は，「けだし，数における一が原理であり，尺度である」と付け加えているからである（1021a12-13）。それゆえアリストテレスは，数的な一以外の一について，考えていたのではない。——しかし，「この，数的な一以外の一が，類似の関係を根拠づける基礎であると認められるべきではないのか」と主張されるならば，次のように答えられなくてはならぬ。これらの関係は実在的に異なるものであると主張する人々（スコトゥス派の人々）[*101]に従い，このような数的な一以外の一が，類似の関係を根拠づけている近接した基礎であると主張されるべきではない。同様にまた，このような数的な一以外の一が，他の関係を根拠づける基礎であると主張されるべきでもない。ただし，類似とか同一とか等しいといった関係と，他の関係との間には，次の相違がある。これら類似とか同一とか等しいといった関係のためには，この論証に対する解答の最初において（OTh Ⅱ, p.202, lin.18-p.203, lin.16）私によって述べられた，第二の意味での何らかの実在的な〈一〉が必

qualis non necessario requiritur ad alias, quamvis aliquando sit ibi talis unitas.

Ad q u a r t u m dico quod aliqua esse prima extrema oppositionis realis potest intelligi d u p l i c i t e r : vel quia sunt illa de quibus primo positive praedicatur opponi realiter ; non tamen praedicatur de eis pro se secundum quod habent suppositionem simplicem sed pro rebus singularibus secundum quod habent suppositionem personalem; vel quia in re sunt realiter contraria. Primo modo extrema oppositionis realis non sunt realia, quia iste terminus 'opponi realiter' non praedicatur primo et adaequate de quibuscumque rebus sed tantum de conceptibus pro rebus, si praedicatio sit in mente, vel de vocibus pro rebus, si praedicatio sit in voce, et sic de aliis. Nec tamen debet concedi de virtute sermonis quod sint contraria, sed dicendum est uniformiter, sicut dictum est prius de primo obiecto adaequato potentiae sensitivae et de primo subiecto passionis realis. Secundo modo non sunt tantum duo extrema oppositionis realis, sed sunt multa sicut sunt multae oppositiones reales. Unde haec albedo et haec nigredo opponuntur realiter ; similiter illa albedo et illa nigredo opponuntur realiter. Et de istis praecise est verum quod unum contrariorum corrumpit reliquum et utrumque illorum est unum numero, quia nihil corrumpit aliud nisi unum numero.

Et quando dicitur 'tunc hoc album esset primum contrarium nigro', dico quod proprie album non contrariatur nigro sed albedo nigredini, et concedo quod haec albedo primo contrariatur nigre-

要とされるが，このような〈一〉が他の関係のために必要とされることはない。これら類似とか同一とか等しいといった関係のためには，少なくとも種における〈一〉が必要とされる。しかし，このような〈一〉が或る場合にそこにおいて成立しているとしても，このような〈一〉が他の種類の関係のために必ず必要であるとは限らないからである*102)。

　第四の議論（OTh Ⅱ, p.170, lin.14-22）に対しては，私は次のように述べる。「或るものが実在的な対立関係を構成する第一の項である」ということは二通りの意味で理解されることができる。(1)そのようなものは，〈実在的に対立する〉という語が，第一義的に肯定的に述語づけられるものだからである。ただしその場合〈実在的に対立する〉という語が述語づけられるものとは，単純代示を持ち，自らを代示しているものではなく，個体代示を持ち，外界の個物を代示しているものである*103)。あるいは，(2)そのようなものは，外界の事物の側において実在的に反対なものだからである。(1)の意味で，実在的な対立関係を構成する項とは実在的なものではない。なぜなら，もし述語づけが精神の中で行なわれるとしたら，〈実在的に対立する〉という語は，何らかの外界の事物に第一義的に適合的に述語づけられるのではなく，外界の事物を代示している概念にのみ述語づけられるのだからである。あるいは，もし述語づけが言葉において行なわれるとしたら，〈実在的に対立する〉という語が述語づけられるものとは，外界の事物を代示している言葉だからである。その他の場合も同様である。しかし，文字通りには「これら（概念や言葉）が反対なものである」ということは真として認められるべきではない。この点に関しては，感覚能力に適合する第一の対象や，実在的な属性の第一の基体について先に（第4問題）述べられたのと同様のことが言われなくてはならぬ*104)。他方，(2)の意味で解されるのであれば，実在的な対立関係を構成する項は二つだけではない。多くの実在的な対立関係が存在するのに応じて，それを構成する多くの項が存在する。この白さとこの黒さは実在的に対立し，同様にあの白さとあの黒さは実在的に対立するからである。まさに，これらに関しては，「反対なものの一方が他方を消滅させるものであり，これらの両方とも数的に一である」ということは真である。数的に一であるもののみが，他のものを消滅させるからである。

　「その場合には，この白いものが黒いものと第一に反対であることになる」（OTh Ⅱ, p.170, lin.20-21）と言われる時には，私は次のように答える。厳密には，白いもの（album）が黒いもの（nigrum）と反対対立するのではなく，白

dini secundum quod ly primo tenetur negative, quia contrariatur nigredini et nihil prius ea contrariatur nigredini. Secundum autem quod ly primo tenetur positive, sic nihil primo contrariatur nigredini.

S i d i c a t u r quod 'unum uni est contrarium', igitur multa non contrariantur nigredini; similiter, contraria possunt esse in eodem, non sic duo individua; similiter, contraria maxime distant, sed duo individua non maxime distant :

Ad p r i m u m dico quod P h i l o s o p h u s loquitur de uno secundum speciem, non secundum numerum; et quomodo unitas specifica est realis et a parte rei dictum est, quia hoc nihil aliud est quam a parte rei esse aliqua plura quae sub eadem specie continentur, secundum P h i l o s o p h u m, I *Topicorum*. Ad s e c u n d u m concedo quod contraria possunt esse in eodem, saltem successive, et ideo dico quod non est contradictio quod aqua sit calida et in summo, sicut non est contradictio quod sit summe frigida si sit status in talibus formis. Ad t e r t i u m dico quod contraria maxime distant distantia illa quae potest esse inter individua diversarum specierum. Cuius tamen maxima distantia specifica requiritur ad contrarietatem et cuius non, a l i a s dicetur.

Ad q u i n t u m dico quod obiectum unius sensationis est unum unitate numerali. Et quando dicitur quod 'potentia cognoscens obiectum sic, in quantum scilicet hac unitate unum, cognoscit

さ（albedo）が黒さ（nigredo）と反対対立するのである。更に，「第一に」という語句が否定的に解される*[105]ならば，「この白さが黒さに第一に反対対立する」ということを真として認める。この白さは黒さに反対対立し，この白さよりもより先に，黒さに反対対立するものはないからである。しかし，「第一に」という語句が肯定的に解されるとしたら，黒さに第一に反対対立するものはない。

　もし「① 一つのものには一つのものが反対対立する（アリストテレス『天について』第1巻第2章，269a14-15；『形而上学』第10巻第4章，1055a19-20）。それゆえ，多くのものが黒さに反対対立することはない。同じくまた，② 反対なものは同一のものにおいて存在することが可能である*[106]。しかし，二つの個物（この白とこの黒）はそのようなことが可能ではない。同じくまた，③ 反対なものは最も大きく隔たっている（アリストテレス『形而上学』第10巻第4章，1055a27-28）。しかるに，これら二つの個物（この白とこの黒）が最も大きく隔たっていることはない」と反論されるならば，

　①に対しては，私は次のように答える。アリストテレスは種において一であるものについて述べているのであって，数において一であるものについて述べているのではない。種において一であるものが如何なる意味で実在し，外界の事物の側に存在するのかに関しては，上述（OTh Ⅱ, p.202, lin.17-p.203, lin.16）のごとくである。種における一とは，アリストテレス『トピカ』第1巻（第7章，103a10-13）によれば，外界の事物の側において，同一の種の内に含まれる複数のものが存在するということに他ならないからである。②に対しては，「反対なものは，少なくとも連続的に代わる代わる，同一のものに存在することが可能である」ことを私は正しいと認める。それゆえ，熱さや冷たさの形相において状態の程度があるとしたら，水が最高度に熱い場合や，最高度に冷たい場合には，そこには反対対立がないと私は述べる。③に対しては，私は次のように答える。「反対なものは最も大きく隔たっている」とは，同じ類の異なった種に属する諸々の個物の間に存在しうる相違のうちで，反対なものは最も大きく隔たっているということである。反対ということのためには，どんな種類の最も大きな相違が必要とされ，どんな種類の相違が必要とされないのかということは，他の所で論じられるであろう*[107]。

　第五の議論（OTh Ⅱ, p.171, lin.1-15）に対しては，一つの感覚の働きの対象は，数的な一によって一なるものであると，私は次のように答える。そして，「対象を次のような仕方で，すなわち，〈この一〉によって一である限りにおい

p.209 ipsum in quantum distinctum ab omni alio', dico quod cognoscit illud quod est distinctum ab omni alio, et cognoscit ipsum sub illa ratione per quam distinguitur ab omni alio, quia illa ratio quae est ipsamet res terminat immediate actum cognoscendi. Non
5 tamen oportet propter hoc quod possit discernere vel distinguere ipsum ab omni alio, quia ad cognitionem discretivam plus requiritur quam ad cognitionem apprehensivam, quia cognitio discretiva in actu nunquam est nisi respectu distinctorum; nec adhuc sufficit quod distincta apprehendantur, nisi ipsa in se sint dissimilia vel
10 loco et situ distinguantur. Et hoc est verum quando omnia talia apprehensa nata sunt facere unum per se, sicut est de qualitatibus sensibilibus, et non de quibuscumque intellectionibus vel amoribus voluntatis nec de intelligentiis vel animabus. Et ideo quantumcumque talia apprehendantur, non oportet quod possint discerni, prop-
15 ter maximam similitudinem inter illa. Tamen si sit potentia intellectiva, potest cognoscere ipsum esse distinctum ab omni alio; aliquo tamen certo demonstrato, non oportet quod possit cognoscere ipsum distinctum ab hoc, quia aliqua universalis potest sciri et tamen multae singulares ignorari; tamen sensus proprie non
20 potest cognoscere ipsum esse distinctum a quocumque, quia hoc pertinet ad notitiam complexam qua scitur hoc non esse hoc. Potest tamen sensus discernere hoc ab aliquo et ab aliquo non, et aliquando potest discernere hoc ab hoc et aliquando non, propter aliquam variationem a parte rei.

25   Et ista ratio c o n f i r m a t u r, quia sensus discernit magis

て認識する能力は、他のすべての物から区別された物として、対象を認識する」と言われる時には、私は次のように答える。このような能力は他のすべての事物から区別されたものを認識し、対象を他のすべての事物から区別させる特質においてそのものを認識する。事物そのものの特質が、直接に認識の活動を終わらせる終点だからである。しかしだからと言って、このような能力が必然的に、その対象を他のすべてのものから識別し区別することができるというわけではない。なぜなら、識別する認識（cognitio discretiva）のためには、把捉する認識（cognitio apprehensiva）の場合よりもより多くの事柄が必要とされるからである。すなわち、(1)これをあれと識別する認識がその現実の活動において関わるのは、相異なる事物でなければならないのであり、更にまた(2)それらの事物がそれ自体において類似していない、あるいは場所や位置において区別される場合でなければ、単に異なった事物が把捉されているというだけでは、識別する認識のためには充分ではないからである。（このことは、把捉されるものが知性認識の働きや欲求する意志の働き、思考活動やその他の心の活動の場合ではなく、例えば感覚的性質のように、把捉されるすべてのものが自体的に一なるものを形成する本性を有するものである場合に真である。）それゆえ、このような事物が如何に把捉されようとも、それらが必ずしも識別されることができるとは限らないのである。それは例えば、それらの間に極めて大きな類似があることによって識別されることができない場合である。認識能力が知性的能力であるとしたら、そのような能力は対象が他のすべての物から区別されたものであることを認識することができる。しかし、或る特定の事物を指示して、対象がこのものから区別されたものであると認識することが必ずしも可能であるとは限らない。或る全称命題（「すべての他のものは、それではない」）は認識されることができるが、多くの単称命題（「これはそれではない」）は認識されることができないからである。他方、感覚は本来的には、その対象が他のどんなものからも区別されたものであることを認識することができない。なぜなら、このような認識は、それによって「これはこれではない」ことが知られる複合的知に属するからである。ただ、感覚の場合には、事物の側の何らかの相違のゆえに、このものを或るものから識別することができ、またこのものを或るものから識別することができないのである。あるいは、事物の側の何らかの相違のゆえに、或る場合にはこのものをこのものから識別することができ、或る場合にはできないのである。

　この議論は次のように確証される。感覚はより多く白いものを、より少なく

album a minus albo. Tunc quaero : aut apprehendit aliquod istorum praecise sub ratione communi aut sub ratione singularitatis? Si primum, et in illa conveniunt igitur per illam non discernit; si secundum, habetur propositum quod apprehenditur sub ratione singularitatis; non quod ista intentio 'singularitas' sit ratio terminandi, sed quod illud quod immediate denominatur ab hac intentione sit immediate terminans.—Et ad c o n f i r m a t i o n e m [dico] quod primum obiectum intellectus primitate generationis est unum unitate numerali, et illud praecedit; sed primum obiectum primitate adaequationis, si tamen sit aliquod tale, non est unum unitate numerali, nec praecedit, sicut post dicetur.

Ad s e x t u m concedo quod illo modo quo omnis unitas realis est numeralis, quod illo modo omnis diversitas realis est numeralis; quia etiam diversitas specifica est numeralis, cum secundum P h i l o s o p h u m, quaecumque sunt diversa genere sunt diversa specie, et quaecumque sunt diversa specie sunt diversa numero. Unde diversitas numeralis est in plus ad diversitatem specificam et generis, quia sequitur: sunt diversa genere vel specie, igitur sunt diversa numero et non e converso.—Et quando dicitur quod 'omnis diversitas numeralis in quantum numeralis est aequalis', dico quod haec est simpliciter falsa, quia tunc sequeretur quod omnis diversitas esset aequalis cum 'in quantum' non sit determinatio distrahens. Si tamen sic intelligatur consequens quod omnia quae solum differunt numeraliter sunt aequaliter diversa, potest concedi in his quae non suscipiunt maius et minus

白いものから識別する。その場合，私は問う。感覚はそれらの或るものを判然と，① 共通な性質において把捉しているのか，それとも，② 個別的な性質において把捉しているのか。もし ① であるならば，これら白いものは共通な性質において一致しており，それゆえ，共通な性質によって感覚がこれらを識別することはない。他方，もし ② であるならば，私が主張しようと意図したことが得られる。すなわち，このものは個別的な性質において把捉される。それは無論，「個別性」という概念が感覚の活動の終点となっている性質であるという意味ではない。そうではなくて，この「個別性」という概念によって直接に言われているものが，直接に感覚の活動の終点だからである。――更に，第五の議論を確証する議論（OTh Ⅱ，p.171, lin.16-20）に対しては，私は次のように答える。認識が生ずる始まり（primitas generationis）という意味で知性の第一の対象であるものは，数的な一によって一であり，そのような対象は知性に先立って存在する。しかし，知性にとって最も相応しい（primitas adaequationis）という意味で知性の第一の対象であるものは，そのようなものがあるとしたら，数的な一によって一ではない。また，知性に先立って存在するものでもない。このことは，後で論じられるであろう*[108]。

　第六の議論（OTh Ⅱ，p.171, lin.21-p.172, lin.13）に対しては，「すべての実在的な一が数的であるのと同様に，すべての実在的な相違も数的なものである」ことを私は真であると認める。なぜなら，種における相違もまた数的な相違だからである。アリストテレス（『形而上学』第5巻第9章，1018a 6-19）によれば，類において相違するものはいずれも種において相違し，種において相違するものはいずれも，数において相違する。それゆえ，数的な相違は，種や類における相違よりもその範囲が大きい。〈これらは類において相違する．あるいはこれらは種において相違する．ゆえに，これらは数において相違する〉という推論は成立するが，その逆は成立しないからである。――そして，「すべての数的な相違は，数的なものである限り，その相違の程度は等しい」（OTh Ⅱ，p.171, lin.1）と言われる時には，この命題は無条件に偽であると，私は答える。なぜなら，その場合には「限りにおいて」という語句は代示の対象を他へ逸らす限定詞ではないのであるから，「すべての相違は，その相違の程度が等しい」ということが帰結することになってしまうからである。ただし，後件命題（「すべての相違は，その相違の程度が等しい」）が，「数においてのみ相違するものはすべて，等しい仕方で相違する」という意味に解されるのであれば，この命題は，〈より多く〉や〈より少なく〉，あるいは〈より一層多く〉や

nec magis et minus.

Et s i d i c a t u r quod omnis unitas numeralis est aequalis, igitur omnis diversitas numeralis est aequalis, d i c o quod non sequitur sub illo intellectu quo antecedens est verum, sicut non sequitur : quaecumque sunt aequalia sunt aequaliter aequalia,⌐quia aequalitas non suscipit magis et minus⌐, igitur quaecumque sunt inaequalia sunt aequaliter inaequalia. Ita est de talibus quando unum oppositorum suscipit magis et minus et non reliquum; et ita est in proposito.

Ad illud quod i n n u i t u r in illo argumento, quod si omnis diversitas esset numeralis non plus posset intellectus abstrahere a Sorte et Platone aliquid commune quam a Sorte et linea et quod quodlibet universale esset purum figmentum intellectus, d i c o ad primum quod ex hoc ipso quod Sortes et Plato se ipsis differunt solo numero, et Sortes secundum substantiam est simillimus Platoni, omni alio circumscripto, potest intellectus abstrahere aliquid commune Sorti et Platoni quod non erit commune Sorti et albedini ; nec est alia causa quaerenda nisi quia Sortes est Sortes et Plato est Plato, et uterque est homo.

S i d i c a t u r quod Sortes et Plato plus conveniunt realiter quam Sortes et asinus, igitur Sortes et Plato in aliquo reali conveniunt in quo non conveniunt realiter Sortes et asinus, sed non in Sorte nec in Platone, igitur in aliquo, alio modo distincto, et illud est commune utrique, r e s p o n d e o quod de virtute sermonis non debet concedi quod Sortes et Plato conveniunt in aliquo nec in aliquibus, sed quod conveniunt aliquibus, quia se ipsis, et quod Sortes convenit cum Platone non 'in aliquo' sed 'aliquo',

〈より一層少なく〉といったことを受け入れない事物の場合に真であると認められうる*[109]。

もし〈すべての数的な同一性は等しい．それゆえ，すべての数的な相違も，その相違の程度が等しい〉と反論されるならば，私は次のように答える。前件命題が真となる意味において解されるならば，後件命題は成立しない。それはちょうど，〈等しいものはいずれも，等しい仕方で等しい——等しさは，より多くやより少なくといったことを受け入れないからである——，ゆえに，等しくないものはいずれも，等しい仕方で等しくない〉という推論が成立しないのと同様である。こうしたことは，相対立するものの一方が〈より多く〉や〈より少なく〉といったことを受け入れるものであり，他方がそうではない場合に生ずるのであり，我々が今問題にしている例の場合も同様である。

この議論において*[110]，「もしすべての相違が数的なものだとするならば，知性は，ソクラテスと線よりも，ソクラテスとプラトンから或る共通なものを抽象するということができなくなり，普遍であるものはいずれも，知性の全くの虚構であることになってしまう」と言われている（OTh Ⅱ, p.172, lin.2-5）ことに対して，私は第一に次のように答える。ソクラテスとプラトンが彼等自身によって数的にのみ異なっており，且つソクラテスはその実体においてプラトンと最も類似しているという事だけで，それ以外の事は何もなくても，知性は，ソクラテスとプラトンに共通で，ソクラテスと白色に共通でない或るものを抽象することができるのである。ソクラテスはソクラテスであり，プラトンはプラトンであり，両者はいずれも人間であるという事以外には，如何なる理由も求められるべきではない。

「ソクラテスとプラトンのほうが，ソクラテスとロバよりも実在的により多く一致している。それゆえ，或る実在的なものにおいてソクラテスはプラトンと一致し，そのものにおいてソクラテスとロバは実在的に一致しない。しかるにソクラテスとプラトンが一致するのは，ソクラテスにおいてでも，プラトンにおいてでもないのだから，両者は彼等自身とは何らかの仕方で区別された或る（第三の）存在において一致しているのである。この（第三の）存在は，ソクラテスとプラトンの両方に共通なものである」と反論されるならば，私は次のように答える*[111]。厳密に言うならば，ソクラテスとプラトンは，或るものにおいて（in aliquo），あるいは或る複数のものにおいて（in aliquibus）一致するのではなく，或るものによって（aliquibus），すなわち自らによって（se ipsis） quia se ipso.

S i d i c a t u r quod Sortes et Plato conveniunt in homine, d i c o quod ly homine potest supponere simpliciter vel personaliter. Primo modo potest concedi, quia hoc non est aliud quam dicere quod homo est unum commune praedicabile de Sorte et Platone. Si autem ly homine supponat personaliter pro aliqua re, sic est simpliciter falsum, quia in nullo homine conveniunt, nec in aliqua re conveniunt, sed conveniunt rebus, quia hominibus, quia se ipsis. | § Ad formam ergo dico quod Sortes et Plato se ipsis plus conveniunt realiter quam Sortes et asinus, non tamen in aliquo reali. § |

Ad a l i u d de figmento, patet quomodo universale est figmentum et quomodo non.

Ad p r i m a m c o n f i r m a t i o n e m istius argumenti dico quod aliqua esse 'primo diversa' potest intelligi dupliciter: vel quia nihil est unum et idem in utroque, sed quidquid est in uno simpliciter et absolute de se non est aliquid quod est in alio; et isto modo concedo quod omnia individua sunt se ipsis primo diversa, nisi forte aliter sit de individuis ex quorum uno generatur aliud propter identitatem numeralem materiae in utroque. Aliter autem dicuntur aliqua esse primo diversa quando unum immediate et primo negatur ab altero, et ideo quando unum non immediate negatur ab altero, ita quod negativa composita ex eis non sit

一致するのであり，ソクラテスは〈或るものにおいて〉プラトンと一致するのではなく，〈或るものによって〉すなわち自らによってプラトンと一致するということが真として認められるべきである。

「ソクラテスとプラトンは人間であることにおいて (in homine)，一致している」と言われるならば，私は次のように言う。「人間」は単純代示を行なうことも，個体代示を行なうことも可能である。第一の仕方においては〔すなわち，単純代示を行なうとすれば〕，言われた命題は真であると認められることができる。「人間」という概念は，ソクラテスとプラトンに述語づけられうる或る一つの共通なものであると述べているに他ならないからである。他方，もし「人間」が個体代示を行ない，或る事物を代示しているとすれば，言われた命題は無条件に偽である。ソクラテスとプラトンは，人間であることにおいて一致するのでも，或る事物において一致するのでもなく，或る事物であることによって一致するのだからである。なぜなら，ソクラテスとプラトンは，人間であることによって，すなわち，自らによって一致しているのだからである。それゆえ，このような論法に対しては，私は次のように答える。ソクラテスとロバよりも，ソクラテスとプラトンのほうが，彼等自身によって，実在的に一致しているのであって，或る実在的な（第三の）存在において，ソクラテスとプラトンのほうが実在的に一致しているのではない*[112])。

他の「虚構」に関する議論 (OTh II, p.172, lin.4) に対しては，普遍が如何なる意味で虚構であり，如何なる意味で虚構でないかということは明らかである*[113])と，私は答える。

この第六論証の第一の確証 (OTh II, p.172, lin.14-18) に対しては，私は次のように述べる。或るものどもが〈第一義的に相違する〉ということは，二通りの意味で解されることができる。第一には，両者の内に同一のものが存在せず，一方の事物の内に無条件に，絶対的に自体的に在るものが，それが何であれ，他方の事物の内にないことから，或るものどもは〈第一義的に相違する〉と言われる。この意味では，両者における質料の数的な同一性のゆえに，それらの一方から他方が生ずる個物*[114])の場合を除けば，すべての個物がそれ自体によって第一義的に相違するものであることを，私は真であると認める。第二には，一方のものが他方のものについて直接に第一義的に否定される時に，或るものどもは〈第一義的に相違する〉と言われる。それゆえ，一方のものが他方のものについて直接に否定されていない，従って，それらから構成された否定命題が直接的でない*[115])場合，それらのものは差異を有するもの (differentia) immediata, tunc sunt differentia et non tantum diversa. Et isto modo omnia individua eiusdem speciei sunt primo diversa, quia ex eis componitur propositio negativa immediata. Similiter, omnes species contentae immediate sub aliquo genere sunt primo diversae, quia ex eis componitur propositio immediata. Et ideo Sortes et Plato sunt primo diversa isto modo, sed Sortes et iste asinus non sunt primo diversa, quia haec est immediata 'Sortes non est Plato,' haec autem non est immediata 'Sortes non est iste asinus', quia haec est immediatior 'nullus homo est iste asinus'. Igitur non est bene dictum quod communiter dicitur quod 'primo diversa' sunt illa quae in nullo conveniunt et differentia sunt illa quae in aliquo conveniunt; sed primo diversa sunt illa quorum neutrum differt ab alio per aliquid communius a quo alterum prius negetur; differentia autem sunt illa quorum unum negatur ab alio, quia aliquid communius eo prius negatur ab eodem. | § Hoc est, primo diversa sunt illa quando nihil communius altero illorum est medium concludendi negativam unius de altero; differentia sunt illa quando aliquid communius altero est medium concludendi negativam in qua unum negatur ab altero, sicut iste homo et iste asinus differunt, quia homo est medium tale, et similiter asinus. Nam iste syllogismus est bonus: nullus homo est asinus, iste homo est homo, igitur iste homo non est iste asinus. § |

Et quod haec sit intentio P h i l o s o p h i patet per ipsum, X *Metaphysicae*, ubi dicit sic:«Differentia vero et diversitas aliud. Diversum enim a quo est diversum non necesse aliquo diversum esse», hoc est, non est necesse quod sit aliquid communius illo

であるが，端的に相違するもの (diversa) ではない。この第二の意味においては，同じ種に属するすべての個物は第一義的に相違するものである。それらから構成される否定命題は直接的だからである。同様に，或る類に直接に含まれているすべての種も第一義的に相違するものである。それらから構成される命題は直接的だからである。それゆえこの第二の意味においては，ソクラテスとプラトンは第一義的に相違するものであるが，しかしソクラテスとこのロバは第一義的に相違するものではない。なぜなら，「ソクラテスはプラトンではない」という命題は直接的であるが，「ソクラテスはこのロバではない」という命題は直接的ではなく，「如何なる人間もこのロバではない」という命題のほうがより直接的だからである。従って，「如何なる点においても一致していないものが〈第一義的に相違するもの〉であり，何らかの点において一致しているものが〈差異を有するもの〉である」と一般に言われているのは，正しい言い方ではない。いやむしろ，〈第一義的に相違するもの〉とは，これら (A, B) のうちの一方 (A) が，(B) よりもより共通な (C) に関して以前に否定されたことから，こうした共通なもの (C) によって，これら両者 (A, B) が互いに他から異なるのではない場合である。他方，〈差異を有するもの〉とは，これら (A, B) のうちの同じ一方のもの (A) が，(B) よりもより共通なもの (C) に関して以前に否定されたことから，これら (A, B) のうちの一方 (A) が他方 (B) に関して否定される場合である。すなわち，〈第一義的に相違するもの〉とは，これら (A, B) のうちの一方 (B) よりもより共通であるもの (C) が，一方 (A) を他方 (B) に関して否定する命題を結論として導くための媒介になっていない場合である。他方〈差異を有するもの〉とは，これら (A, B) のうちの一方 (B) よりもより共通であるもの (C) が，一方 (A) が他方 (B) に関して否定される否定命題を結論として導くための媒介になっている場合である。例えば，この人間とこのロバは差異を有するものである。人間がこのような媒介となっており，ロバも同様だからである。すなわち，次の三段論法〈如何なる人間もロバではない．この人間は人間である．ゆえに，この人間はこのロバではない〉は妥当である。

　これがアリストテレスの言わんと意図したことであるということは，彼の『形而上学』第10巻 (第3章) から明らかである。そこにおいてアリストテレスは，「差異を有するということと，相違するということは別である。相違する事物 (B) と，その (B) に対して相違する事物 (A) は，必ずしも何らかのものによって互いに相違することを必要としない」(1054b23-24) と述べて

quod est diversum a quo prius et immediate negetur illud a quo est diversum, sicut ad hoc quod Sortes sit diversus a Platone non oportet quod sit aliquid communius Sorte a quo immediate negatur Plato, et a Sorte tantum mediate. Sed ista est immediata: Sortes non est Plato. Et ponit P h i l o s o p h u s rationem: «Omne autem aut diversum aut idem est ens», hoc est, omne ens, sive habeat communius a quo aliud prius negatur sive non, hoc ens est idem vel diversum ab alio ente quocumque demonstrato. «Differens vero ab aliquo, aliquo differens», hoc est, omne differens ab aliquo differt per aliquid prius et communius, a quo aliud immediate negatur et ab isto negatur tantum mediate, sicut iste homo differt ab asino per hominem a quo asinus immediate negatur et ab isto homine tantum mediate. |§ Sciendum quod quando dico istum hominem differre ab asino per hominem, accipio 'differre per aliquid' sicut expono in octava distinctione, quando expono quomodo aliquid differt ab alio per differentiam essentialem. Et ideo 'differre per aliquid' aequivoce accipitur in diversis locis. §| Et hoc est quod subdit : «Quare necesse ipsum idem aliquid esse, quo differat». Hoc non debet intelligi quod sit aliquid idem quo utrumque differt ab altero, quia hoc est impossibile, quia tunc magis convenirent quam differrent isto. Sed debet intelligi quod est aliquid idem quo tamquam per medium ostenditur hoc differens differre ab illo, sicut per substantiam tamquam per medium ostenditur quod homo non est quantitas, sic dicendo: nulla substantia est quantitas, homo est substantia, ergo nullus homo est quantitas. Et ita illud medium communius est quam sit differens, quia semper est genus illius vel species. Et hoc est quod

いる。つまり〔AとBが相違するためには〕，相違する事物（B）よりもより共通なもの（C）が存在し，その（C）に関して，（B）に対して相違する事物（A）が以前に直接に否定されるということは必要とされない。例えばソクラテスがプラトンと相違するために，プラトンがソクラテスよりも共通なもの（C）に関して直接に否定され，ソクラテスに関して単に間接的にのみ否定されなければならない，ということはない。むしろ，「ソクラテスはプラトンではない」という命題は直接的命題である。アリストテレスはその理由を述べて，「なぜなら，何であろうと，およそ存在するものは，相違しているか同一であるかのいずれかだからである」（1054b25）と言っている。つまり，存在する事物はすべて，それがより共通なものを持ち，それに関して他の事物が以前に否定されるのであれ，そうでないのであれ，如何なる事物を指示するとしても，この存在する事物は他の存在する事物と同一であるか相違しているかいずれかだからである。他方，アリストテレスは「他の事物（B）と差異を有する事物（A）は，或るもの（C）によって差異を有する」（1054b25-26）と述べている。つまり，或る事物（B）と差異を有する事物（A）はすべて，（A）が，（B）よりもより共通な（C）に関して直接に否定され，（B）に関して単に間接的にのみ否定されることから，（B）よりもより前であり，より共通なもの（C）によって，事物（B）と差異を有する。例えばこの人間とこのロバは，ロバが人間に関して直接に否定され，この人間に関して単に間接的にのみ否定されることから，人間であることによって差異を有する。ただし，「この人間は，人間であることによってロバと差異を有する」と私が述べる時に，私は「或るものによって差異を有する」ということを，本書の第八区分*[116]において，〈如何なる仕方で或るものは本質的種差によって他のものと差異を有するのか〉を説明した際に述べたような意味で，解していることが知られなくてはならぬ。「或るものによって差異を有する」ということは，さまざまな箇所で同名異義的に用いられているからである。アリストテレスは，「それによって，これらの事物（A, B）が差異を有する，或る同一のもの（C）が存在しなくてはならない」（1054b26-27）と付け加えている。このアリストテレスの文言は，それによってこれら事物（A, B）が両方とも他と差異を有する，或るもの（C）は同一であるという意味に理解されるべきではない。なぜなら，このことは不可能だからである。その場合には，このもの（C）によって，これらの事物（A, B）は差異を有するよりもむしろ，一致することになってしまうからである。そうではなくて，このアリストテレスの文言は，或る同一のもの

dicit P h i l o s o p h u s: «Hoc autem ipsum idem»—quo, supple, differens differt ab alio—«genus aut species»,—supple, est genus vel species ad illud differens et non est differentia illius—, «omne namque differens differt genere aut specie». Et ita nihil
15 est dictu quod illa quae sunt differentia differunt suis differentiis et conveniunt in genere, si sint in genere, sed debet dici quod differunt suis generibus, vel specie, vel suis speciebus, non a parte rei sed in negatione unius ab altero, mediata vel immediata. Et ponit P h i l o s o p h u s exempla dicens:«Genere quidem»,—
20 supple, sunt aliqua differentia—, «quorum non est communis materia, nec generatio ad invicem, ut quorumcumque est alia figura categoriae». Ecce quod illa quae sunt in distinctis praedicamentis differunt genere, et per consequens differunt specie. «Specie vero, quorum idem est genus», et tamen species sunt diversae. Unde
p.216 dico quod homo et albedo differunt suis generibus, quia utrumque habet genus superius per quod potest fieri negatio unius de reliquo, secundum artem quam tradit P h i l o s o p h u s, I *Posteriorum*. Albedo autem et substantia differunt genere, quia quamvis
5 albedo habeat genus per quod potest ostendi negativa in qua negatur albedo a substantia vel e converso, tamen substantia non habet tale genus; sed ista communia, substantia et qualitas, non differunt genere nec specie. Et eodem modo proportionabiliter dicendum est de differentibus specie. Et ita cum P h i l o s o p h u s
10 dicat quod omnia differentia—secundum quod differentia distinguuntur contra diversa—differunt genere vel specie, et Sortes et Plato nec differunt genere nec specie, manifestum est quod non differunt; sed Sortes et iste asinus differunt, quia differunt specie.

(C) が媒介となって，この差異を有する事物 (A) が他の事物 (B) と差異を有することが示されるという意味に理解されなくてはならない。例えば，〈如何なる実体も量ではない．しかるに，人間は実体である．ゆえに，如何なる人間も量ではない〉というように議論される場合のごとく，実体であることが媒介となって，人間が量でないことが示される。かくして，この媒介となっているもの (C) は，差異を有する事物 (B) よりもより共通である。媒介となるもの (C) は常に，(B) の類あるいは種なのだからである。これがまさに，「(それによって，差異を有する事物が他の事物と差異を有する) この同一のものは，類であるか種であるかである (すなわち，差異を有する事物の類や種であって，その種差ではない)。なぜなら，およそ差異を有する事物がこのように差異を有するのは，それらの類によってであるか，種によってであるかのいずれかだからである」(1054b27-28) とアリストテレスが述べていることである。それゆえ，〈差異を有するものどもは，その種差によって差異を有し，もしそれらが或る類に属するとしたら，類において一致する〉と言うことは，何も言っていないのと同じである。むしろ，〈外界の事物の側においてではなく*117)，間接的にであれ直接的にであれ，一方が他方に関して否定されることにおいて，類によって，あるいは単数や複数の種によって，それらは差異を有する〉と言われるべきである。アリストテレスは例を挙げて，「類によって (差異を有する事物とは)，それらが共通の質料を持たないものどもであり，互いに一方が他方から生成しないものどもであり，それらの属する範疇が異なるものどもである。(異なる範疇に属するものどもは，類によって差異を有しており，従って種によって差異を有していることに注意せよ。) 他方，種によって差異を有する事物とは，それらの類は同一であるが，(それらの種が異なるものどもである)」(1054b28-30) と述べている。それゆえ，私は次のように述べる。人間と白さはそれらの類によって差異を有する。両方がいずれも，より上位の類を持ち，それによって，アリストテレスが『分析論後書』第1巻 (第15章) の中で与えている論理学の方法に基づいて，一方が他方について否定されることが行なわれうるからである。更に，白さと実体も類によって差異を有する。実体はこのような上位の類を持っていないけれども，白さは類を持ち，それによって，白さが実体に関して否定される，あるいはその逆である否定命題が示されることができるからである。しかし，実体と性質といった共通なものは，類によっても，種によっても差異を有するものではない。種によって差異を有するものに関しても，同様の仕方で，類比的に論じられなくてはな

Si d i c a t u r quod hoc est contra intentionem P h i l o-
s o p h i, quia ibidem immediate subdit : «Dicitur autem genus
quod ambo idem dicuntur, secundum substantiam differentia»;
igitur videtur, secundum i p s u m, quod illa quae immediate
continentur sub genere sunt differentia :

Similiter, C o m m e n t a t o r ibidem, commento 12: «Illa
quae differunt per differentias formales sunt illa quorum genus
est unum»:

Item, V *Metaphysicae* : «Differentia dicuntur quaecumque di-
versa sunt aliquid idem entia: et non solum numero, sed specie,
aut genere, aut proportione. Amplius, quorum diversum genus, et
contraria et quaecumque habent in substantia diversitatem»:

Ad p r i m u m istorum dico quod illud est genus quod idem
praedicatur de aliquibus differentibus secundum substantiam, quia
omne genus praedicatur de pluribus differentibus specie; non tamen
omnia illa differunt de quibus praedicatur, quia ex aliquibus de
quibus praedicatur componitur propositio immediata et ex aliqui-
bus non.

Ad s e c u n d u m dico quod aliqua quae differunt per diffe-
rentias formales habent idem genus, et universaliter omnes res
extra animam quae realiter differunt per differentias formales

らぬ。従って,「およそ差異を有する事物が,——差異を有する (differentia) ということが, 相違する (diversa) ということに対して区別されている限りにおいて——このように差異を有するのは, それらの類によってであるか, 種によってであるかのいずれかである」(1054b27-28) とアリストテレスは述べており, しかるにソクラテスとプラトンは類によっても, 種によっても差異を有しないのであるから, 彼等が差異を有するものでないことは明らかである。他方, ソクラテスとこのロバは差異を有するものである。これらは種によって差異を有するからである。

(反論一) このことはアリストテレスの意図に反している。なぜなら, アリストテレスは同じ箇所のすぐ後で,「ここで類と言われているのは, 差異を有するもの両方に, その実体に即して述語づけられる同一のことである」(1054b 30-31) と付け加えており, 従ってアリストテレスによれば, 直接に類のうちに含まれるものが, 差異を有するものであると考えられるからである。

(反論二) 同様に, 注釈者アヴェロエスは同じ箇所についての注釈十二の中で,「形相的差異によって差異を有するものは, それらの類が同一であるところのものである」と述べている。

(反論三) 同じく, アリストテレスは『形而上学』第5巻 (第9章, 1018a12-15) の中で,「差異を有すると言われるのは, それらの各々が互いに異なっているが, しかし或る点で同じであるものである。そのようなものとは, 単に数的にのみ異なるものだけでなく, 更に種や類において, あるいは類比において異なるものである*[118)]。更にまた, それらの類が異なるもの, 反対であるもの, 何であれそれらの実体の内に異他性を持つものである」と述べている。

これらの反論の第一に対しては, 私は次のように答える。類であるものは, 差異を有するものどもに, その実体に即して述語づけられる同一のものである。すべての類は, 種において異なる多くのものに述語づけられるからである。しかしながら, 類が述語づけられるすべてのものが, 差異を有するとは限らない。なぜなら, 類が述語づけられる或るものからは, 直接的な命題が複合され, 或るものからは直接的な命題が複合されないからである。

第二に対しては, 私は次のように答える。形相的差異によって差異を有するものどもは, 同一の類を持つ。そして一般に, 形相的差異によって実在的に差異を有する外界の事物はすべて, 同一の類を持つ。このようなものは, 異なった種に属する個物に他ならないからである。しかしながら, 同一の類を持つす

habent idem genus, quia talia non sunt nisi individua diversarum specierum; non tamen oportet quod omnia quae habent idem genus differant per differentias formales, sicut patebit alias.

15   Ad t e r t i u m dico quod P h i l o s o p h u s accipit differentia ibi prout praecise conveniunt rebus, et tunc omnes res quaecumque sunt diversae et 'sunt aliquid idem entia', non per identitatem sed per essentialem praedicationem, hoc est, aliquid idem vere et in quid de eis praedicatur ; 'et non solum numero',
20 hoc est, et illae res non sunt solum diversae secundum numerum, sicut sunt individua eiusdem speciei, sed 'aut specie, aut genere, aut proportione', supple, sunt diversae. Talia, inquam, diversa sunt differentia. Non tamen omnia diversa sunt differentia, quia ens reale et ens rationis sunt diversa, non tamen sunt differentia, quia
p.218 nihil idem praedicatur de eis in quid | § secundum o p i n i o- n e m quae ponit ens rationis habere tantum esse obiectivum; secundum a l i a m aliquid praedicatur de eis in quid. § | Postea p o n i t alios modos differentium.

5   Si d i c a t u r quod [si] illa quae sunt differentia plus conveniunt quam illa quae tantum sunt diversa, igitur plus convenirent iste homo et iste asinus quam iste homo et ille homo:

D i c o quod accipiendo differentia sicut accipit P h i l o s o- p h u s X *Metaphysicae*, sic non semper differentia plus conve-
10 niunt quam praecise diversa, sed sufficit quod pluribus differant, hoc est, quod a pluribus quae dicuntur vere de uno illorum aliud vere negetur, sicut a pluribus quae dicuntur de isto homine vere negatur iste lapis quam iste homo. Et ideo ille homo et iste

べてのものが必ず形相的差異によって差異を有するわけではない。このことは，他の所で明らかになるであろう*[119]。

　第三に対しては，私は次のように答える。アリストテレスはそこにおいて「差異を有する」ということを，まさに事物に適合するものとして用いている。その場合，すべての事物はそれらの各々が互いに異なっているが，しかし「或る点で同じであるもの」である。それは同一性によるのではなく，本質的な述語づけ，すなわち，或る同じものがこれらの事物にそれが何であるかという点において，真に述語づけられることによる。これらの事物は「単に数的にのみ異なるものだけではない」。すなわち，これらの事物は，同じ種に属する個物の場合のように，単に数的にのみ異なるものだけでなく，「種や類において，あるいは類比において」異なるものである。それゆえ，このように異なっているものは，差異を有するものであると私は述べる。しかしながら，異なるものがすべて，差異を有するものであるわけではない。例えば，実在的に存在するものと概念的に存在するものは異なるものであるが，しかし差異を有するものではない。なぜなら，「概念的に存在するものは観念的存在（esse obiectivum）しか持たない」と主張する見解*[120]に従うならば，同じものがこれらに，それが何であるかという点において述語づけられることはないからである。ただし，別の見解に従うならば，或るものがこれらに，それが何であるかという点において述語づけられることになるであろう。差異を有するものの別の様式については，アリストテレスは後の箇所（『形而上学』第5巻第10章）で述べている。

　「もし差異を有するものどもが，単に相違するものどもよりもより一致するとしたら，この人間とこのロバのほうが，この人間とあの人間よりもより一致していることになってしまう」と言われるならば*[121]，

　これに対しては，私は次のように述べる。「差異を有する」ということを，アリストテレスが『形而上学』第10巻（第3章）の中で解している意味で理解するならば，必ずしも〈差異を有するもの〉のほうが，〈截然と相違するもの〉よりもより一致するとは限らない。むしろ，差異を有する事物（A，B）は，相違する事物よりもより多くの点で差異を有するということだけで充分である。すなわち，差異を有する事物の一方（A）に真に述語づけられる多くの事柄が，他方（B）に関して否定されることが真であるということだけで充分である。例えば，この人間に述語づけられる多くの事柄が，あの人間よりもこ

lapis differunt, non sic iste homo et ille homo.

Ad a l i a m   c o n f i r m a t i o n e m per idem.

Ad a l i u d dico quod nullo exsistente intellectu esset aliqua unitas realis ignis generantis ad ignem genitum propter quam diceretur generatio univoca; sed illa unitas non diceretur de aliquo uno, sed diceretur de pluribus realiter distinctis, sicut dictum est; ideo etc.

Ad auctoritatem Avicennae dico quod non debet intelligi quod 'equinitas est tantum equinitas' ita quod equinitas nec sit una nec plures, nec in intellectu nec in effectu, quia realiter equinitas est in effectu et realiter est singularis. Sicut enim equinitas est realiter creata a Deo, et similiter equinitas est distincta realiter a Deo, ita equinitas est realiter et veraciter singularis. Sed intelligit Avicenna quod ista non conveniunt equinitati per se primo modo, nec aliquod istorum ponitur in eius definitione, sicut i p s e m e t exprimit.

Si d i c a t u r, secumdum Avicennam et secundum a l i o s   p h i l o s o p h o s, equinitas est de se indifferens ut sit singularis et ut sit universalis, quaero quomodo ista est vera? Aut secundum quod equinitas supponit simpliciter aut personaliter. Si simpliciter, et iste conceptus non est indifferens, quia nullo modo potest esse singularis; igitur non est suppositio simplex quando terminus supponit pro conceptu, quod est contra praedicta. Si supponat personaliter, tunc est falsa, quia tunc supponit pro singularibus; sed nihil singulare est sic indifferens; igitur videtur quod praeter suppositionem pro conceptu et pro re singulari oportet ponere tertiam, quando terminus supponit pro ipsa

の石に関してより多く否定されることが真である。それゆえ，この人間とこのロバは差異を有するものであり，この人間とあの人間はそうではない。

第六論証を確証するもう一つの議論（OTh II, p.172, lin.19-21）に対しても，私は同じ様に答える。

他の議論（OTh II, p.172, lin.22-p.173, lin.2）に対しては，私は次のように答える。知性が存在していなくても，生成する火と生成される火との間には或る実在的な一性が存在し，その一性のゆえに生成は一義的と呼ばれる。しかし上述のごとく（OTh II, p.202, lin.18-p.203, lin.16），この一性は或る一つの事物について言われるものではなく，実在的に異なる複数の事物について言われるものである。従って，云々。

アヴィセンナの文言（OTh II, p.173, lin.3-5）に対しては，私は次のように述べる。「馬性は単なる馬性である」ということは，〈馬性は一でもないし多でもないし，また知性の内に在るのでもないし，現実に存在する（in effectu）[122]のでもない〉という意味に解されるべきではない。なぜなら，馬性[123]は実際には現実に存在し，実在的に個だからである。馬性は実在的に神によって創造され，同じくまた神から実在的に区別されたものであるのだから，従って馬性は実在的に存在し，真に個である。しかしアヴィセンナは，彼自身が説明しているごとく[124]，これら（一，多，知性の内の存在，現実の存在）は馬性に自体的に第一の仕方で属するものではなく，それゆえこれらのいずれも，馬性の定義の中に置かれないと考えている。

もし「アヴィセンナやその他の哲学者達によれば，馬性はそれ自体においては，個物であることや普遍であることに対して中立である」と反論されるならば，このことは如何なる仕方で真であるのかと私は問う。「馬性」が単純代示を行なうことによるのか，あるいは個体代示を行なうことによるのか。単純代示を行なっているとしたら，この「馬性」という概念は中立ではない。このような概念は決して個物ではありえないからである。だとすると，単純代示とは語が概念を代示する場合ではないことになるが，これはこれまで述べられてきたことに反する。他方，個体代示を行なっているとしたら，その場合には，「馬性はそれ自体においては，個物であることや普遍であることに対して中立である」という命題は偽である。なぜなら，その場合には，「馬性」は個物を代示していることになるが，しかし個物であるものが，個物であることや普遍であることに対してこのように中立であることはありえないからである。従って概念や外界の個物の代示以外に，個と普遍の両方に中立である絶対的な何性

quidditate absolute indifferenti ad utrumque:

R e s p o n d e o—uniformiter ad aliqua praedicta—quod haec non est vera 'equinitas non est de se universalis nec particularis, sed indifferens ad esse universale et [ad esse] singulare', nisi secundum quod per eam intelligitur unus actus signatus qui est iste quod 'de equinitate potest indifferenter praedicari esse universale et esse singulare'. Et in isto actu signato 'equinitas' habet suppositionem simplicem, sed in duobus actibus exercitis veris correspondentibus 'equinitas' habebit diversam suppositionem, quia in uno habebit suppositionem simplicem, scilicet in isto 'equinitas est universalis', et in alio personalem, scilicet in isto 'equinitas est singularis'. Verbi gratia, haec est vera 'de homine praedicatur vox et currere', et in ista ly homo habet suppositionem materialem, quia de ista voce 'homo' praedicatur utrumque. Et isti actui signato correpondent duo actus exerciti veri, scilicet iste 'homo est vox', in quo 'homo' supponit materialiter, et iste 'homo currit', in quo 'homo' supponit personaliter.

Ad u l t i m u m dico quod quando convenientia et differentia compatiuntur se, non est inconveniens quod conveniant eidem per idem; et ideo quod aliqua conveniant specifice et tamen differant numeraliter, non est inconveniens. Patet per exemplum proprium, quia certum est quod natura contracta convenit realiter cum differentia individuali, quia est eadem res realiter, et tamen natura distinguitur aliquo modo a differentia contrahente. Tunc quaero: aut eodem convenit et differt, aut alio et alio? Si eodem, habeo propositum, quod idem eodem indistincto convenit realiter cum eodem et distinguitur formaliter. Et eadem facilitate d i c a m

を語が代示する第三の代示を措定しなければならなくなると思われる。

　これに対しては，——アヴィセンナの文言に関して先に述べられたのと同様な仕方で——，私は次のように答える*125)。「馬性はそれ自身では普遍でもないし個でもない。普遍であることや個であることに対して中立である」という命題は，この命題によって，「〈馬性〉に，〈普遍である〉や〈個である〉が中立的に述語づけられうる」という或る一つの述語づけの表示態（actus signatus）が理解されていなければ，真ではない。この述語づけの表示態において「馬性」という語は単純代示を持つが，これに対応する二つの真なる述語の遂行態（actus exercitus）においては「馬性」はそれぞれ別な代示を持つであろう。一つの命題すなわち「馬性は普遍である」においては「馬性」は単純代示を持ち，いま一つの命題すなわち「馬性は個である」においては「馬性」は個体代示を持つだろうからである。それは例えば，「〈人間〉に，〈音声〉と〈走る〉が述語づけられる」という命題は真であり，この命題において「人間」は質料代示を持つ。「人間」という音声に両方の語（「音声」と「走る」）が述語づけられるからである。この述語づけの表示態には，二つの真なる述語づけの遂行態が対応しており，一つの命題「人間は音声である」において「人間」は質料代示を持つが，いま一つの命題「人間は走る」においては「人間」は個体代示を持つのと同様である。

　最後の議論（OTh Ⅱ，p.173，lin.6-9）に対しては，私は次のように答える*126)。一致と相違が両立可能である場合，同じ一つの存在（per idem）によって，AがBに一致することは不適切ではない。それゆえ，同じ一つの存在によって，或るものAとBが種において一致し，数において異なることは，何ら不適切ではない。このことは，彼自身，すなわちスコトゥスの例によって明らかである。特定化された本性と個体的差異は実在的に同一のものであるのだから，特定化された本性は個体的差異と実在的に一致し，しかし何らかの仕方で，本性は特定化する差異と異なっていることは確かだからである。その場合，それらが一致し異なるのは同じ一つの存在によって（eodem）であるのか，あるいは別々の存在（alio et alio）によってであるのかと，私は問う。もし同じ一つの存在によってであるならば，私の主張したいことが得られる。つまり，区別されない同一の存在によって（eodem），本性は個体的差異と実在

ego quod Sortes eodem convenit specie cum Platone et distinguitur numeraliter, et ita universaliter de omnibus talibus. Si autem alio et alio convenit et distinguitur, quaero de illis, quia illa aliquo modo distinguurntu et tamen conveniunt quia sunt una res: aut igitur eodem conveniunt et distinguuntur, aut alio et alio? Et ita vel erit processus in infinitum vel stabitur quod idem eodem convenit sic cum aliquo et distinguitur sic ab eodem. Et eadem facilitate dicam quod idem eodem convenit specie cum aliquo et distinguitur numeraliter ab eodem.

Si d i c a t u r : omni intellectu circumscripto, maior convenientia ex natura rei est inter Sortem et Platonem quam inter Sortem et istum asinum, igitur ex natura rei Sortes et Plato conveniunt in aliqua natura in qua non conveniunt Sortes et iste asinus:

Similiter, nisi maior esset convenientia inter Sortem et Platonem quam inter Sortem et istum asinum, non plus posset abstrahi conceptus specificus a Sorte et a Platone quam a Sorte et isto asino:

Ad p r i m u m istorum dico quod consequentia facta n o n v a l e t, sicut non sequitur 'magis convenit realiter natura intellectualis cum Deo ex hoc quod est imago Dei quam natura insensibilis quae non est imago' ; et tamen in nullo reali conveniunt quod sit aliquo modo distinctum ab istis, etiam secundum e o s, sed certe se ipsis plus conveniunt. Ita est in proposito, quod Sortes et Plato se ipsis plus conveniunt quam Sortes et iste asinus, omni alio circumscripto. Similiter, ens reale plus convenit cum Deo

的に一致し，形相的に異なるのである。同様に容易に，同じ一つの存在によって（eodem）ソクラテスはプラトンと種において一致し，数において異なると，私は言うことができるであろう。更に広く一般に，他のすべての類似した例においても，同様である。他方，もしそれらが一致し，かつ異なるのは，別々の二つの存在によってであるとするならば，それら二つの存在について私は問う。それらは或る仕方においては異なるが，しかし一つのもの（una res）であるのだから，或る仕方において一致している。だとすると，それらが一致し異なるのは，同じ一つの存在によってであるのか，あるいは別の二つの存在によってであるのか。かくして，無限進行に陥るか，あるいはむしろ，同じ存在によってそれらの一方は他方と一致し，かつ異なるという結論において停止すべきであるだろう。それゆえ同様に容易に，同じ一つの存在によってAはBと種において一致し，数において異なると，私は言うことができるであろう。

（反論一）「あらゆる知性認識が除外されるとしても，実在的にソクラテスとプラトンのほうが，ソクラテスとこのロバよりもより多く一致している。それゆえ，ソクラテスとプラトンは実在的に或る本性において一致し，その本性においてソクラテスとこのロバは一致しない」と反論されるならば[*127]，

（反論二）「同様に，もしソクラテスとこのロバよりも，ソクラテスとプラトンのほうがより多く一致しているのでなければ，ソクラテスとこのロバよりも，ソクラテスとプラトンから，種的概念が抽象されることは不可能であるだろう」と反論されるならば[*128]，

これらの第一の反論に対しては，私は次のように答える[*129]。そこにおいて行なわれている推論が妥当ではない。それはちょうど，知性的な本性のものは神の似像であることから，知性的な本性のもののほうが，神の似像ではない無感覚な本性のものよりも神と実在的に一致しているとしても，しかしだからといって，たとえ彼等（スコトゥス）の考え[*130]に従ったとしても，「知性的な本性と神は，何らかの仕方でそれら自身と区別された或る実在的なものにおいて一致する」ということが結論として導かれないのと同様である。これらはまさにそれら自身によって，より多く一致しているのである。我々の問題にしている事柄においても同様であって，ソクラテスとこのロバよりも，ソクラテスとプラトンのほうが，たとえその他のすべてのことが除外されるとしても，彼

quam ens rationis, et tamen Deus non in aliquo convenit cum creatura nisi forte in conceptu.

Per hoc patet ad secundum, quod est maior convenientia inter Sortem et Platonem quam inter Sortem et istum asinum, non propter aliquid aliquo modo distinctum, sed se ipsis plus conveniunt.

C o n fi r m a t u r ista responsio per dicta e o r u m, quia accipio duas differentias individuales contrahentes naturam hominis: istae differentiae plus conveniunt quam una differentia individualis contrahens naturam hominis et una differentia individualis contrahens naturam albedinis. Probatio istius, quia differentia individualis contrahens naturam hominis convenit cum natura contracta, quia est eadem res realiter cum illa, sed illa natura contracta, puta natura Sortis, plus convenit cum natura Platonis quam cum natura albedinis, igitur plus convenit cum differentia individuali contrahente. Et per consequens, a primo ad ultimum, differentia individualis Sortis plus convenit cum differentia individuali Platonis quam cum differentia individuali huius albedinis, et certum est quod distinguitur realiter ab ipsa. Aut igitur eodem plus convenit cum una quam cum alia et[2] distinguitur realiter ab illa, aut alio.

Si eodem et eodem convenit cum una et distinguitur realiter ab alia, tunc habetur propositum, quod aliquid eodem potest convenire cum aliquo et distingui ab eodem. Si alio et alio, igitur differentia individualis includeret multa et esset processus in infinitum, quorum utrumque est

---

2) 全集版にはないが, Lyon 1495editio(z)に従い, 付加する。

等自身によって（se ipsis）一致しているのである。それはちょうど，観念的に存在する物よりも実在的に存在する物のほうが神と一致するが，しかし被造物や神とは別な或るものにおいて（in aliquo），神は被造物と一致するのではないのと同様である。ただし，或る概念においては，神と被造物は一致する。

　以上のことによって，第二の反論に対する解答も明らかである。ソクラテスとこのロバよりも，ソクラテスとプラトンのほうがより多く一致しているのは，何らかの仕方で彼等自身と区別された或る実在的なものによってではない。ソクラテスとプラトンは彼等自身によってより一致するのである。

　この解答は，彼等（スコトゥス）の言明そのものによって更に確証される。人間の本性を特定化する二つの個体的差異を取り上げよう。これら二つの個体的差異は，人間の本性を特定化する個体的差異と白さの本性を特定化する個体的差異よりもより多く一致している。このことの証明。人間の本性を特定化する個体的差異は，特定化された本性と一致する。本性を特定化する個体的差異は，特定化された本性と同じもの（eadem res）だからである。しかるに，特定化された本性，例えばソクラテスの本性は，白さの本性よりもプラトンの本性とより多く一致する。それゆえソクラテスの個体的差異は，プラトンの特定化する個体的差異より多く一致する。従って，最初から最後まで推論するならば，ソクラテスの個体的差異は，この白さの個体的差異よりも，プラトンの個体的差異とより多く一致し，しかし同時にまた確かに，ソクラテスの個体的差異は，プラトンの個体的差異と実在的に異なる。その場合，同一の存在によって（eodem），ソクラテスの個体的差異は，他のものよりもプラトンの個体的差異とより多く一致し，同時にまた実在的に区別されるのか。あるいは，別々の存在（alio）によって，ソクラテスの個体的差異は，他のものよりもプラトンの個体的差異とより多く一致し，同時にまた実在的に異なるのか。もし同一の存在によって，ソクラテスの個体的差異はプラトンの個体的差異と一致し，且つプラトンの個体的差異と実在的に異なるとしたら，その場合には私の主張したいことが得られる。すなわち同一の存在によって（eodem et eodem），或るものは或るもの（B）と一致し，同じもの（B）と異なることができる。他方，もし別々の存在（alio et alio）によって，ソクラテスの個体的差異はプラトンの個体的差異と一致し，且つ実在的に異なるとしたら，個体的差異は多くのものを自らの内に含み，また無限進行に陥ることになるであろう。これらのいずれも不適切である。

inconveniens.

S i d i c a t u r quod ista differentia individualis, puta Sortis, non per se vel ex se sed per naturam contractam plus convenit cum natura Platonis et cum differentia individuali Platonis quam cum natura huius albedinis:

C o n t r a : sicut differentia individualis Sortis plus convenit cum natura Platonis, ita e converso natura Platonis plus convenit cum differentia individuali Sortis quam cum differentia individuali huius albedinis; igitur aut ex se plus convenit, aut per differentiam individualem contrahentem, aut per naturam Sortis. Si primum, et certum est quod distinguitur ex se, igitur idem eodem distinguitur et convenit cum eodem. Secundum non potest dari, quia tunc illa differentia individualis plus conveniret cum una differentia individuali quam cum alia. Nec tertium potest dari, quia nunquam aliquid est idem realiter cum aliquo per aliquid sibi extrinsecum et realiter distinctum ab eo.

S i d i c a t u r quod quamvis ex se conveniat cum ista differentia individuali, non tamen distinguitur ab ea nisi per aliam differentiam individualem:

C o n t r a : natura ex se distinguitur ab omni differentia individuali, quia secundum e o s ex se non repugnat sibi esse sine quacumque differentia individuali. Praeterea, duae differentiae individuales ex hoc ipso quod utraque est creatura plus conveniunt quam ista creatura et Deus, et certum est quod distinguuntur; igitur oportet ponere quod idem eodem distinguitur et convenit, vel oportet ponere processum in infinitum.

「個体的差異，例えばソクラテスの個体的差異が，この白さの本性よりも，プラトンの本性やプラトンの個体的差異とより多く一致するのは，それ自身によって，すなわちソクラテスの個体的差異によってではなく，ソクラテスの個体的差異によって特定化された本性によってである」と言われるならば，

これに反対して，私は次のように答える。ソクラテスの個体的差異はプラトンの本性とより多く一致し，また逆に，プラトンの本性は，この白さの個体的差異よりもソクラテスの個体的差異とより多く一致する。従ってプラトンの本性は，①それ自身によってより一致しているのか，あるいは②プラトンの特定化する個体的差異によってより一致しているのか，あるいは③ソクラテスの本性によってより一致しているのか，いずれかである。もし①であるとしたら，同時にまたプラトンの本性はソクラテスの個体的差異とそれ自身によって異なることは確かであるのだから，従って，同一の存在によって，同じものは同じものと区別され，且つ一致する。しかし，②は認めることができない。なぜならプラトンの個体的差異によって，プラトンの本性がソクラテスの個体的差異とより多く一致するとしたら，プラトンの個体的差異は他のもの（プラトンの本性）よりも，或る（ソクラテス）の個体的差異とより多く一致していることになるからである。更に，③も認められることができない。自らにとって外的なものによって，或るものが或るものと実在的に同一であり，そのものと実在的に異なるということは決してないからである。

「（プラトンの）本性はそれ自身によってこの（ソクラテスの）個体的差異と一致するが，プラトンの本性がソクラテスの個体的差異と異なるのは，まさに別の（プラトンの）個体的差異による」と言われるならば，

これに反対して，私は次のように答える。本性はそれ自身によって，すべての個体的差異と異なる。なぜなら彼等（スコトゥス）によれば[*131]，どんな個体的差異もなしに存在することは，本性それ自体に反することではないからである。更にまた，二つの個体的差異は共に被造物であることから，或る被造物と神との関係よりもより多く一致しており，同時にまたそれらは互いに異なることは確かである。それゆえ，同一の存在によって同じものが異なる，且つ一致すると主張しなければならない。そうでなければ，無限進行に陥らざるをえない。

AD ARGUMENTUM PRINCIPALE

Ad argumentum principale patet quod natura lapidis de se est haec, et ideo natura lapidis non potest esse in alio, et tamen cum hoc stat quod natura lapidis de se non est haec, sed illa et in alio, quia sunt duae indefinitae, verificatae pro diversis singularibus. |§ Tamen sciendum est quod de virtute sermonis haec est falsa 'natura lapidis est in lapide', sed debet concedi quod natura lapidis est lapis; —tamen de Christo potest concedi quod natura humana est in Christo—; communiter tamen conceditur. Sed si intelligatur quod natura lapidis vere sit in lapide tamquam in aliquo quocumque modo distincto, est simpliciter falsum. Si autem intelligatur quod illa natura est lapis, verum est. §|

主要な議論に対して

　主要な議論（OTh Ⅱ, p.160, lin.8-13）に対しては，次のことが明らかである。石の本性はそれ自体によってこのものであり，それゆえ，石の本性は他の事物の内に在るということは有り得ない。しかしこの命題（「石の本性はそれ自体でこのものであり，他の事物の内にない」）と，「石の本性はそれ自体でこのものではなく，あのものであり，他の事物の内に在る」は両立可能である。これら二つの命題は不定称命題であり，別々の個物を代示するがゆえに真であるとされるからである。更に，――キリストに関しては，「人間の本性がキリストの内に在る」は正しいと認められることができる――が，「石の本性が石の内に在る」という命題は，一般的には真であると認められているが，しかし文字通りには偽であり，むしろ〈石の本性であるものが石である〉が正しいと認められるべきであることが知られなくてはならぬ。もしこの命題が，〈石の本性が，本性と何であれ或る仕方で区別された石の内に真に存在する〉という意味に解されるのであれば，命題は無条件に偽である。もしこの命題が，〈この石の本性であるものが石である〉という意味に解されるのであれば，命題は真である。

訳者註解

1) すなわち,ここでは,「普遍(共通)である本性と個物は実在的(realiter)には同じであるが,形相的(formaliter)に異なる」というスコトゥスの説の是非が問題にされている。
2) スコトゥス『命題集註解(オルディナチオ)』第2巻第3区分第1部第1問題35-40, Vaticana VII, pp.405-408;拙訳,ヨハネス・ドゥンス・スコトゥス『命題集註解(オルディナチオ)』第2巻,中世思想原典集成18,後期スコラ哲学,平凡社,232-35頁を参照。
3) スコトゥスは次のように述べている。

    ciuscumque unitas realis, propria et sufficiens, est minor uitate numerali, illud non est de se unum unitate numerali (sive non est de se hoc); sed naturae exsistentis in isto lapide, est unitas propria, realis sive sufficiens, minor unitate numerali; igitur etc.
    それにとって固有で充分な実在的な一が,数的な一が,数的な一よりもより小さい(弱い)一であるものは,それが何であろうと,それ自体で数的な一によって一であることはないし,(あるいは,それ自体でこのものであることもない)。しかるに,この石の中に存在している本性にとって固有な,実在的で充分な一は,数的な一よりもより小さい(弱い)一である。従って云々。(Duns Scotus, Ord.II, d.3, p.1, q.1, n.8; Vaticana VII, p.395, lin.1-5, 前掲拙訳, 223-24頁)

    aliqua est unitas in re realis absque omni operatione intellectus, minor unitate numerali sive unitate propria singularis, quae 'unitas' est naturae secundum se, — et secundum istam 'unitatem propriam' naturae ut natura est, natura est indifferens ad unitatem singularitatis; non igitur est de se sic illa una, scilicet unitate singularitatis.
    知性のあらゆる働きとは無関係に,事物のうちに,数的な一すなわち個物に固有な一よりもより小さい(弱い),或る実在的な一が存在する。この〈一〉は自体的に本性に属する一であり,——この,本性としてある限りでの本性に〈固有な一〉に基づいて,本性は個別性の一に対して中立である。それゆえ本性は,それ自体においては,かの一,すなわち個別性の一によって一なのではない。(Duns Scotus, Ord.II, d.3, p.1, q.1, n.30; Vaticana VII, p.402, lin.11-16, 拙訳,ヨハネス・ドゥンス・スコトゥス『命題集註解(オルディナチオ)』第2巻,中世思想原典集成18,後期スコラ哲学,平凡社, 230頁)

4) Duns Scotus, Ord.II, d.3, p.1, q.1, n.29-30; Vaticana VII, p.402, lin.5-16, 拙訳,ヨハネス・ドゥンス・スコトゥス『命題集註解(オルディナチオ)』第2巻,中世思想原典集成18,後期スコラ哲学,平凡社, 229-30頁を参照。
5) 『命題集註解』第2巻第3区分第1部第2問題では,「個体は,①それ自体においては分割されない,②他のものと同一ではない,という二重の否定から成立するものであり,従ってこの二重の否定が個体化の原理である」とするガン(ヘント)のヘンリク

ス（Henricus Gandavensis; Henricus de Gandavo 1293年歿）の説が検討されている。スコトゥスはこの見解に反論して，個体化の原理はなんらかの肯定的定立的なものであることを強調する。
6) 正しくは，第4問題。第4問題で検討されるのは，「質料的実体は量によって個体となるのであり，量が個体化の原理である」とするフォンテーヌのゴドフロワ（Godefroid de Fontaines,: Godefridus de Fontibus 1250以前-1306/09年）やエギディウス・ロマヌス（Aegidius Romanus 1243年頃-1316年）の説である。スコトゥスはこの見解を否定し，実体の付帯性に対する優位という観点から，付帯性が実体の個体化の根拠ではありえないことを証明している。
7) 正しくは，第3問題。第3問題で検討されるのは，「質料的実体は，その現実態としての存在（actuakis exsistentia）が個体化の原理である」という説である。これに対してスコトゥスは，現実存在は本質存在（esse esseniae）の序列や区別を前提しており，しかるに他のものの区別を前提し，それ自体は区別されても限定されてもいないものが，他のものを区別し限定する原理であることはできないと反論している。
8) 第5問題で検討されているのは，「質料的実体は，質料によってこのものであり個体なのであり，質料が個体化の原理である」という，通常アリストテレスに帰せられる説である。これに対してスコトゥスは，同じアリストテレスの別のテクストを引用しながら，「質料が個体化の原理である」という説はアリストテレスのものではなく，むしろアリストテレスはそのような見解を否定しようとしていることを指摘する。
9) 『命題集註解』第2巻第3区分第1部第6問題 147（Vaticana VII, p.465, lin.8-18；前掲拙訳，279頁）を参照。
10) 『命題集註解』第2巻第3区分第1部第6問題 187-88（Vaticana VII, p.483, lin.9-p.484, lin.9；前掲拙訳，293-94頁）。
11) オッカムの引用ではテキストは 'in quantum materia'（「質料である限りにおいて」）となっているが，スコトゥスのテキストに基づいて，'in quantum natura'（「本性である限りにおいて」）と読む。スコトゥスのテキストは正確には，次のようになる。
　　sicut compositum non includit suam entitatem (qua formaliter est 'hoc') in quantum natura, ita nec materia 'in quantum natura' includit suam entitatem (qua est 'haec materia'), nec forma 'in quantum natura' includit suam. (Duns Scotus, Ord .II, d.3, p.1, q.6, n.187; Vaticana VII, p.483, lin.14-17；前掲拙訳，293頁）。
　　ここでのスコトゥスの議論は，次のように解される。
　　問い　個体化の原理である個体的差異（differentia individualis）がそこから取られる〈個体的存在性〉（entitas individualis）とは一体何であるのか。それは質料であるのか，形相であるのか，それらの複合体であるのか。
　　スコトゥスの解答　何性・本質的存在性（entitas quiditativa）すなわち本性は，このもの，あのものといった個別性に関わるものではない。それゆえ質料も，形相も，それらの複合体も，本性である限りにおいて (in quantum natura)，それによってこのものとなる個体的存在性を自らの内に含んでいない。
12) 共通本性の存在性と，そこから個体的差異がそこから取られる個体的存在性との間に，実在的相違（realis distinctio）ではなく，形相的相違（formalis distinctio）が措定さ

れる理由を，スコトゥスは次のように説明している。
① 個体的存在性と，何性・本質的存在性の関係は，同一のもの (res) における現実態と可能態の関係である。
 ista realitas individui est similis realitati specificae, quia est quasi actus, determinans illam realitatem speciei quasi possibilem et potentialem,
 個体的存在性は種の存在性に類似している。個体的存在性は，いわば可能態においてある種的存在性を限定する現実態のごとき位置にあるのだからである。(Duns Scotus, *Ord*.II, d.3, p.1, q.6, n.180; Vaticana VII, p.479, lin.19-21；前掲拙訳，290 頁)
② しかし，個体的存在性（個体的差異）と何性・本質的存在性（本性）との関係は，種差と類との関係とも異なる。種的差異がそこから取られる存在性 (realitas) と，類がそこから取られる存在性 (realitas) は，互いに他から分離可能であり，他から独立して存在しうる・も・の・と・も・の (res et res) との関係にあり，それゆえ，それらの間には実在的区別 (distinctio realis) が成立する。他方，個体的差異と本性との関係は，同一のものに属する二つの存在性 (realitates eiusdem rei) の間の関係であり，それゆえ，それらの間には形相的区別 (distinctio formalis) が成立する。

証明 もし X と Y が実在的 (realiter) に異なるとしたら，X が Y なしに存在することが可能である。すなわち，両者は互いに分離可能であり，或る時に或る場所において，X が Y なしに存在することが可能である。他方，X と Y が形相的 (formaliter) に異なるとしたら，両者は分離して存在することが不可能であり，X は Y なしに存在することが不可能である。しかるに，類がそこから取られる存在性（例えば動物性）は，種的差異がそこから取られる存在性（例えば理性的）なしに存在することが可能である。それゆえ，類と種差は，互いに他から分離可能であり，独立して存在しうるものどうし res absoluta と res absoluta の関係であり，両者は実在的に区別される。これに対して，個体的差異と本性は不可分に結びついており，一方が他方なしに存在することは不可能である。それゆえ，個体的差異と本性は実在的にではなく，形相的に区別される。

③ 更に，個体的存在性（個体的差異）と何性・本質的存在性（本性）との関係は，形相と質料との関係とも相違する。「もしスコトゥスの主張するように，個体的差異と本性が，現実態と可能態の関係において結びついているとしたら，同一の個体の内に二つの複合——形相と質料の複合と，個体的差異と本性の複合——が同時に存在することになり，これは不都合である」という反論 (Duns Scotus, *Ord*.II, d.3, p.1, q.6, n.143; Vaticana VII, p.464, lin.4-12；前掲拙訳，277-78 頁) に対して，スコトゥスは次のように答えている。

 dico quod compositio potest intelligi proprie, prout est ex re actuali et re potentiali, —— vel minus proprie, prout est ex realitate et realitate actuali et potentiali in eadem re. Primo modo non est individuum compositum respectu naturae specificae, quia nullam rem* addit,——quia neque materiam neque formam neque compositum, sicut procedit argumentum. Secundo modo est necessario compositum, quia realitas a qua accipitur differentia specifica, potentialis est respectu illius realitatis a qua accipitur differentia individualis, sicut si essent res et res; non enim realitas specifica ex se habet unde includat per identitatem realitatem individualem, sed tantum aliquod tertium includit ista ambo per identitatem.

*) ヴァティカン版では nullam realitatem となっているが，或る写本に従い nullam rem と読む。

　私は次のように答える。複合は本来的には，現実態におけるもの (res actualis) と可能態におけるもの (res potentialis) との複合として解されることができる。――あるいは，それほど本来的でない意味においては，同一のもの (res) の内の，現実態における存在性 (realitas actualis) と可能態における存在性 (realitas potentialis) との複合として解されることができる。第一の意味では，個体は種的本性と比べると複合体ではない。なぜなら，個体は如何なるもの (res) も付け加えてはいないからである。――すなわち，先の議論 (143) が更に続けて述べているごとく，個体は質料を付け加えるのでも，形相を付け加えるのでも，それらの複合体を付け加えるのでもないからである。他方，第二の意味では，個体が複合体であることは必然である。なぜなら，ちょうどもの (res) ともの (res) との場合と同じように，種的差異がそこから取られるところの存在性 (realitas) は，個体的差異がそこから取られるところの存在性 (realitas) に対して可能態の関係にあるからである。というのも，種的存在性はそれ自体においては，個体的存在性を同一性によって含む事由となるものを有しておらず，或る第三のもの（個物）のみが，両者（種的存在性と個体的存在性）を同一性によって含むのだからである。(Duns Scotus, *Ord*.II, d.3, p.1, q.6, n.189; Vaticana VII, p.484, lin.13-p.485, lin.4；前掲拙訳, 294-95 頁)

すなわち，スコトゥスによれば，一つの個体の内に二つの種類の複合が存在する。一つは，現実態における res absoluta（他から分離可能であり，独立して存在しうるもの）と，可能態における res absoluta の複合 (compositio ex re actuali et re potentiali) である。形相と質料の結合は，この種の複合であり，それゆえ形相と質料は，実在的 (realiter) に区別される。いま一つは，同一の res absoluta の内の，現実態における realitas formalis と可能態における realitas formalis の複合 (compositio ex realitate et realitate actuali et potentiali in eadem re) である。本性と個体的差異の結合は，この種の複合である。それゆえ，両者は形相的 (formalitr) に区別される。拙著，オッカム『大論理学』の研究，第 2 章，創文社，1997，49-53 頁を参照。

13)『命題集註解』第 2 巻第 3 区分第 1 部第 1 問題 41（Vaticana VII, p.409, lin.6-13；前掲拙訳, 235-36 頁)。

14)『命題集註解』第 2 巻第 3 区分第 1 部第 6 問題 172-75（Vaticana VII, p.476, lin.15-p.478, lin.2；前掲拙訳, 287-88 頁)。

更に他の所でも，スコトゥスは次のように述べている。

Corpus est animatum quasi denominative, quia anima est forma eius, ――homo dicitur animatus non quasi denominative sed essentialiter, quia anima est aliquid eius ut paras.
身体は，魂がその形相であるがゆえに，派生的に「魂のあるもの」である。――他方，人間は，派生的にではなく，本質的に「魂のあるもの」と呼ばれる。魂は人間の部分であり，人間に属する何らかのものだからである。(Duns Scotus, *Ord*.I, d.8, p.1, q.4, n 214; Vaticana IV, p.27, 1in.18-20)

すなわち，「数的に同一の事物の内にあるものはすべて，数的に一である。それゆえ，

本性も数的な一を持つはずである」という反論 (171) に対してスコトゥスは,〈数的に一〉を〈派生的 denominative に数的に一〉,〈第一に primo 数的に一〉,〈自体的に第一の仕方で per se primo modo 数的に一〉,〈それ自体において de se 数的に一〉等に分類して答えている。数的な一よりもより小さい(弱い)一を持つ本性は,第一に数的に一であることも自体的に第一の仕方で数的に一であることも,それ自体で数的に一であることもないが,しかし数的に一である事物の内に存在する限りにおいては,本性は派生的に数的に一である。

15) 『命題集註解』第2巻第3区分第1部第1問題37 (Vaticana VII, p.406, lin.11-p.407, lin.9 ; 前掲拙訳, 233頁)。
16) 『命題集註解』第2巻第3区分第1部第1問題38 (Vaticana VII, p.407, lin.20-p.408, lin.3 ; 前掲拙訳, 234頁)。
17) 『命題集註解』第2巻第3区分第1部第1問題42 (Vaticana VII, p.410, lin.4-14 ; 前掲拙訳, 236頁)。すなわち,外界の事物において存在する本性は,或る特定の事物の内に内在するように限定されているわけではなく,他の事物の内に存在することは本性それ自体に反しないという意味においては共通であるが,しかし,多くの事物に述語づけられる普遍性を欠いている。本性は,知性認識された対象として,知性の中に存在する場合にのみ普遍という特質を持つ。それゆえ,共通性の原因ではなく,普遍の原因が探求されるべきであり,更にそれ自体においては共通である本性を,個体化する原因が探求されなくてはならぬ。
18) 『命題集註解』第2巻第3区分第1部第1問題34 (Vaticana VII, p.404, lin.17-22 ; 前掲拙訳, 231-32頁)。
19) 『命題集註解』第2巻第3区分第1部第1問題3 (Vaticana VII, p.392, lin.10-12 ; 前掲拙訳, 222頁)。
20) 『命題集註解』第2巻第3区分第1部第1問題4 (Vaticana VII, p.393, lin.1-3 ; 前掲拙訳, 222頁)。
21) 『命題集註解』第2巻第3区分第1部第1問題7 (Vaticana VII, p.394, lin.4-10 ; 前掲拙訳, 223頁)。このスコトゥスの議論は,「本性はそれ自体によって個である」という見解を持つ人に対する反論として提出されている。あなた(「本性はそれ自体によって個である」という見解を持つ人)によれば,知性の認識の対象である事物の本性は個である。しかし,もしそうだとしたら,その本性を普遍として認識する知性は,対象自身の持つ性質とは反対の性質において本性を認識していることになるであろう。これは,偽である。それゆえ,本性がそれ自体によって個であることはない。
22) 『命題集註解』第2巻第3区分第1部第1問題8-15 (Vaticana VII, p.395, lin.1-p.397, lin.12 ; 前掲拙訳, 223-25頁)。
23) 中世の学者達はしばしば,推論の大前提を a, 小前提を b, 結論を c で表わす。ここでの推論の大前提 a は,「第一の尺度である一は,実在的なものである」(p.168, lin.18-19) である。小前提 b は「この一は個物の持つ(数的な)一ではない」である。結論 c は,「それゆえ,この一は数的な一よりも小さい(弱い)一である」である。アヴェロエスは,『アリストテレス形而上学註解』第3巻第11註解 H の中で,次のように述べている。

Deinde dixit 'Individua autem non sunt ante ad invicem', id est: quapropter contingent eis ut essent in se ad invicem; sed unumquodque eorum est existens in actu per se, et non est in eis posterius quod constituatur per prius. (Averoes, *Aristotelis Metaphysicorum Liibri XIII cum Averrois Condvensis in eosdem Commentariis, Aristotelis, Opera Cum Averrois Commentariis* vol.8, Frankfurt, Minerva. 1962, a Photostat of the 1562-1574 edition. p.50, H)

すなわちアヴェロエスは，アリストテレス『形而上学』第3巻第3章999a12-13の「個物の間においては，より前であるとか，より後であるとかいうことはない」($ἐν\ δὲ\ τοῖς\ ἀτόμοις\ οὐκ\ ἔστι\ τὸ\ μὲν\ πρότερον\ τὸ\ δ'\ ὕστερον$) という文言を，図のごとく，

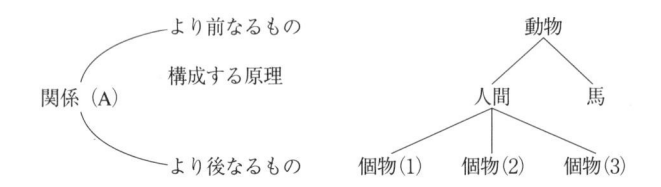

より後なるものを構成する原理である，より前なるもの（動物，人間，馬……）と，より後なる個物との間の関係（A）のことを言っていると理解し，アリストテレスは関係（A）を否定していると解釈している。しかし，こうした解釈はここでの議論には適合しない。アリストテレスは，類や種と個物の間に，より前，より後という関係（A）が成立することを認めているからである。アリストテレスが否定しているのは，図のごとき，

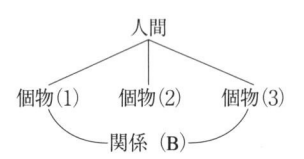

同じ種に属する個物(1) と個物(2) と個物(3) ……の間に，或る個物は他の個物よりもより前であるとか，より後であるとかいう関係（B）が成立するという考えである。拙訳『オッカム「大論理学」註解 I』創文社，1999，196-97頁を参照。

24) オッカムの引用では，スコトゥスのテキスト『命題集註解』第2巻第3区分第1部第1問題14の後半部分，Vaticana VII, p.396, lin.17-p.397, lin.8 が省略されている。

25) 『命題集註解』第2巻第3区分第1部第1問題16-17 (Vaticana VII, p.397, lin.13-p.398, lin.10；前掲拙訳，226頁)。

26) 『命題集註解』第2巻第3区分第1部第1問題18（Vaticana VII, p.398, lin.11-19；前掲拙訳，226頁)。

27) 『命題集註解』第2巻第3区分第1部第1問題19（Vaticana VII, p.398, lin.20-p.399, lin.8；前掲拙訳，226-27頁)。

28) 『命題集註解』第2巻第3区分第1部第1問題20-21（Vaticana VII, p.399, lin.9-p.400,

訳者註解　131

lin.5；前掲拙訳，227-28 頁)。
29)『命題集註解』第 2 巻第 3 区分第 1 部第 1 問題 22（Vaticana VII, p.400, lin.6-10；前掲拙訳，228 頁)。オッカムの引用では，22 の後半の部分が省略されている。
30)『命題集註解』第 2 巻第 3 区分第 1 部第 1 問題 23-25（Vaticana VII, p.400, lin.17-p.401, lin.11；前掲拙訳，228-29 頁)。
31)『命題集註解』第 2 巻第 3 区分第 1 部第 1 問題 26（Vaticana VII, p.401, lin.12-15；前掲拙訳，229 頁)。
32)『命題集註解』第 2 巻第 3 区分第 1 部第 1 問題 27（Vaticana VII, p.401, lin.16-18；前掲拙訳，229-29 頁)。
33)『命題集註解』第 2 巻第 3 区分第 1 部第 1 問題 28（Vaticana VII, p.401, lin.19-p.402, lin.2；前掲拙訳，229 頁)。
34)『命題集註解』第 2 巻第 3 区分第 1 部第 1 問題 31（Vaticana VII, p.402, lin.18-p.403, lin.2；前掲拙訳，230 頁)。オッカムの引用は前半のみであり，スコトゥスは続けて，次のように述べている。

　Intelligo: non est 'ex se una' unitate numerali, nec 'plures' pluralitate opposita illi unitati; nec 'universalis' actu est (eo modo scilicet quo aliquid est universale ut est obiectum intellectus), nec est 'particularis' de se.
　私はこれを次のように理解する。「それ自身では一ではない」とは，数的な一としての一ではないという意味である。「多ではない」とは，その数的な一に対立する多ではないという意味である。「普遍でもない」とは，現実態における普遍（すなわち，或るものが知性認識された対象として普遍であるごとき仕方での普遍）ではないという意味である。「個でもない」とは，それ自身では個ではないという意味である。(Duns Scotus, Ord.II, d.3, p.1, q.1, n.31; Vaticana VII, p.403, lin.2-5)

35) 従って数的な一以外に，或る実在的な一が存在する。スコトゥスに全く同じテキストを見出すことはできないが，しかし『命題集註解』第 1 巻第 2 区分第 2 部第 4 問題 398（Vaticana II, p.354, lin.10-p.355, lin.2)に類似なスコトゥスの主張が見出される。

　cum non possit idem eodem formaliter, quod est aliquid sui, convenire realiter tantum, sic quod non ex illo distingui, et differre realiter tantum, sic quod non illo convenire (quia si est omnino idem re, quare hoc est tantum principium identitatis et non-distinctionis et idem tantum principium distinctionis et non-identitatis ?), concluditur aliqua differentia vel distinction essentiae in qua supposita convenieunt ab illis rationibus quibus supposita distinguuntur.
　自らに属する形相的に同一のものによって或る物（A）が他の物（B）とまさに実在的に一致し，それゆえ，そのものによって或る物（A）は他の物（B）と異ならず，しかるに同時にまた，その同一のものによって或る物（A）は他の物（B）とまさに実在的に異なり，それゆえ，そのものによって或る物（A）は他の物（B）と一致しないということは，ありえない。(なぜなら，もしそのものが全く実在的に同一であるとしたら，どうしてそれがまさに，一致し異ならないことの原理であり，同時にまた，異なり一致しないことの原理でもあるのか？)従って，そこにおいて諸々の個体が一致する本質と，それによって諸々の個体が異なる特質は，相違し区別されると結

36)「第一義的な矛盾」とは,〈A は F である. B は F ではない. ゆえに, B は A ではない〉といった推論の場合である。スコトゥスの側からの, オッカムへの反論は次のごとくである。確かに, 第一義的な矛盾律は, 実在的非同一性を証明するのに必要であり, 否定されるべきではない。しかし, ここで議論されているのは,〈A は形相的に F である. B は形相的に F ではない. しかし, B は A である〉といった推論の場合である。Marilyn McCord Adams, *William Ockham*, Vol.I, University of Notre Dame Press, 1987, p.49 を参照。

形相的区別に対するオッカムの批判

この箇所でオッカムは先ず, スコトゥスが共通本性とそれを特定化する個体的差異(このもの性)との間に,「形相的区別」(distinctio formalis) を措定したことを批判している。スコトゥスの「形相的区別」に対するオッカムの同様の批判は, 彼の『大論理学』(Summa Logicae) 第 I 部第 16 章のなかにも見出される。

テキスト①

 Sed ista opinio omnino improbabilis videtur mihi. Primo, quia in creatures numquam potest esse aliqua distinctio qualiscumque extra animam nisi ubi res distinctae sunt; si igitur inter istam naturam et istam differentiam sit qualiscumque distinction, oportet quod sint res realiter distinctae.

 しかしながら, この見解は, 私には全く認めがたいもののように思われる。このことは第一に, 次のように反駁される。被造物においては, もの res ともの res との実在的な相違以外には, 外界に如何なる区別もありえない。それゆえ, もし本性と〔個体的〕差異の間に何らかの区別があるとすれば, 当然それらは実在的に (realiter) に異なるものである。(OPhI, 54, lin.11-14;拙訳『オッカム「大論理学」註解 I』本文訳 56 頁)

テキスト②

 Dicendum est igitur quod in creaturis nulla est talis distinctio formalis, sed quaecumque in creaturis sunt distincta, realiter sunt distincta, et sunt res distinctae si utrumque illorum sit vera res. Unde sicut in creatures tales modi arguendi numquam negari debent 'hoc est **a**, hoc est **b**, ergo **b** est **a**', nec tales 'hoc non est **a**, hoc est **b**, igitur **b** non est **a**', ita numquam debet negari in creaturis quin quandocumque contradictoria verificantur de aliquibus, illa sunt distincta, ……

 それゆえ, 次のように言われるべきである。被造物においては, このような形相的区別は存在しない。被造物において異なるものはいずれも, 実在的 (realiter) に異なるのであり, それらの両方とも真なるものであるとすれば, それらは相異なるもの (res) である。それゆえ,「これは A であり, これは B である. ゆえに, B は A である」,

あるいは「これは A ではなく, これは B である. ゆえに, B は A ではない」というような議論の仕方が, 被造物においては決して否定されるべきではないのと同様に, 或るものについて, 矛盾する事柄が真である場合には常に, これらが相異なるもの (res) であることは, 被造物においては決して否定されるべきではない。(OPhI, 56, lin.66-72；拙訳『オッカム「大論理学」註 I』本文訳58-59頁)

これらのテキストにおいてオッカムは，「形相的区別は実在的区別へと還元される。それゆえ，実在的区別のみが措定されるべきであり，形相的区別は否定される」と主張して，次のように議論している。

(大前提) もしスコトゥスの言うように，a (本性) と b (個体的差異・このもの性) が形相的に異なり，全く同じものというわけではないとしたら，或る性質 F が a について肯定され，b について否定される。

(小前提) しかるに，同一のもの (eaden res) について，同じ事 F が肯定され，同時にまた否定されることはありえない。或るものについて，矛盾する事柄 (F, non F) が真である場合には常に，これらは相異なる res である。a と b が実在的に同一 eadem res であるならば，「a が F であり，かつ b が F ではない」ということはありえない (不可弁別同一の原理)

(結論) それゆえ，本質と個体的差異・このもの性は，実在的に同一のもの (una res) ではなく，実在的に異なるものである。もし本性と個体的差異・このもの性が形相的に異なるとしたら，それらは実は実在的に異なっているのである。実在的区別のほかに，形相的区別を認めるとすれば，不可弁別同一の原理や矛盾律といった，事物の相違や同一を証明するあらゆる方法が失われることになる。

オッカムの批判の検討――オッカムの批判は正しいか？

このオッカムの批判は正当なものであろうか。私は，オッカムの批判は正しくないと考える。なぜなら，スコトゥスは形相的区別と実在的区別との間に，存在のレベルの相違を設けているからである。このような存在のレベルの相違を設定することによって，不可弁別同一の原理や矛盾律を犯すことなく，スコトゥスの言う形相的区別を認めることができると，私は考える。以下，私の主張を更に詳しく論ずることにしたい。

① スコトゥスの個体化の理論の特徴は，同一の事物 res のうちに，更により原初的な区別を措定したことである。スコトゥスは次のように述べている。

quodcumque commune, et tamen determinabile, adhuc potest distingui (quantumque sit una res) in plures realitates formaliter distinctas, quarum haec formaliter non est illa: et haec est formaliter entitas singularitatis, et illa est entitas naturae formaliter. Nec possunt istae duae realitates esse res et res, …… ――sed semper in eodem (sive in parte sive in toto) sunt realitates eiusdem rei, formaliter distinctae.

共通であるが限定されることが可能な各々のものはすべて，(如何にそれが一つの res としてあるとしても) 形相的に区別された複数の存在性 realitas へと更に区別されうるのであって，それらの一方は形相的には他方ではなく，一方は形相的に個別 (個体的差異) の存在性であり，他方は形相的に本性の存在性なのである。……これら二つの存在性 realitas は，res と res としてあることはできない。――それらは，常に同一のもののうちにあって (部分のうちにであれ，全体のうちにであれ)，同一の res に属する形相的に区別された二つの存在性 realitates eiusdem rei, formaliter distinctae である。(Duns Scotus, *Ord.*, II, d.3, p.1, q.6, n.188; Vaticana VII, p.484, lin.1-9；拙訳，ヨハネス・ドゥンス・スコトゥス『命題集註解』第2巻，中世思想原典集成18，294頁)。

このスコトゥスのテキストから，次の事が明らかである。スコトゥスは，(一) res と res

(互いに他から分離可能であり，独立して存在しうるもの）と，（二）同一の res のうちに属している realita と realitas（不可分であり，一方が他方なしに存在することが不可能なもの）との間に，存在のレベルの相違を設定している。（一）の res と res との間に実在的区別が成立し，（二）の realitas と realitas との間に形相的区別が成立する。

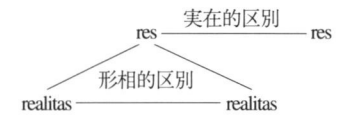

```
              実在的区別
        res ─────────── res
          \           /
           \ 形相的区別 /
       realitas ─────── realitas
```

私は D.P.Henry ("Ockham and the Formal Distinction," *Franciscan Studies* 25, 1965, p.289; "Ockham and the Formal Distinction," in Medieval Logic and Metaphysics, Part III, §5, London, 1972, p.93) の記号を用いて，個体的差異の realitas（例えば，ソクラテス性 σ）と共通本性の realitas（例えば，人間の本性 α）の形相的区別を次のように

$$\{\sigma\} \neq \{\alpha\}$$

と表わすことにしたい。この形相的区別 $\{\sigma\} \neq \{\alpha\}$ は，res a と res b の実在的区別 (a) ≠ (b) とは明確に異なる。両者においては，同一や区別ということが，それぞれ異なった存在のレベルにおいて語られているのだからである。

② 不可弁別同一の原理，矛盾律の適用範囲の拡張——これらの規則は，オッカムの言うように res と res の存在のレベルにおいてのみ成立するものではなく，realitas と realitas の存在のレベルにおいても成立すると考えるべきである。すなわち，realitas σ と realitas α が形相的に同一の realitas $\{\sigma\} \neq \{\alpha\}$ であるならば，「α が F であり，かつ σ が F でない」ということはありえない。

③ 前述のオッカムの議論を，①で用いた記号によって表わすならば，次のようになる。
（大前提）もしスコトゥスの言うように，共通本性 α と個体的差異・このもの性 σ が形相的に異なり，全く同じものというわけではないとしたら $\{\alpha\} \neq \{\sigma\}$，或る性質 F が σ について肯定され，α について否定される。すなわち，σ は F であり，α は F ではない。
（小前提）しかるに，同一のもの eadem res について，同じ事 F が肯定され，同時にまた否定されることはありえない（不可弁別同一の原理）。或るものについて，矛盾する事柄（F, non F）が真である場合には，これらは相異なる res である。
（結論）それゆえ，共通本性 α と個体的差異・このもの性 σ は同一のものではなく (non sunt una res) $(\alpha) \neq (\sigma)$，実在的に異なるものである (OThII, p.174, lin.3)。従って，もし本性と個体的差異・このもの性が形相的に異なるとしたら，それらは実は実在的に異なるのである。すなわち，オッカムの議論は次の式で表わすことができる。

$$\{\alpha\} \neq \{\sigma\} \rightarrow (\alpha) \neq (\sigma)$$

しかし，オッカムの議論の結論 $(\alpha) \neq (\sigma)$ は明らかに，存在のレベルを混同する誤りを犯している。なぜなら，( ) ≠ ( ) は res の存在のレベルにおける，二つのものの相違を表わす記号であるのに，α（共通本性）や σ（個体的差異・このもの性）は realitas の存在のレベルにおけるものだからである。オッカムの議論は，次のように訂正されるべきである。

(大前提) 個体的差異・このもの性 σ は或る性質 F であり，共通本性 α は F ではない。
(小前提) しかるに，realitas α と realitas σ が形相的に同一の realitas {α} = {σ} であるならば，「σ が F であり，かつ α が F ではない」ということはありえない（② 不可弁別同一の原理の適用範囲の拡張）。
(結論) それゆえ，共通本性 α と個体的差異・このもの性 σ は，形相的に同一のものではない。かくして我々は不可弁別同一の原理や矛盾律を犯すことなく，スコトゥスの言う形相的区別を認めることができる。

D. P. Henry ("Ockham and the Formal Distinction," *Franciscan Studies* 25, 1965, p.291; "Ockham and the Formal Distinction," in Medieval Logic and Metaphysics, Part III, §5, London, 1972, p.94) が指摘するごとく，『大論理学』(Summa Logicae) 第 I 部第 16 章の中での次のオッカムのスコトゥス批判もまた，res と realitas の存在のレベルの混同に基づいている。

テキスト①

eadem res non est communis et propria; sed secundum eos differentia individualis est propria, universalia (scil.natura) autem est commune; igitur <u>nullum universale et differentia individualis sunt eadem res.</u>

同様に（第二反駁），同一のもの（res）が共通であり，且つ固有であることはない。しかるに彼等によれば，個体的差異は固有であり，普遍〔的本性〕は共通である。それゆえ，<u>普遍〔的本性〕と個体的差異が同一のもの（res）であることはない</u>。(OPhI, 54, lin.11-14 ; 拙訳『オッカム「大論理学」註 I』本文訳 56 頁)

テキスト②

Item, eidem rei creatae non possunt convenire opposita; commnune autem et proprium sunt opposita; ergo eadem res non est communis et propria. Quod tamen sequeretur <u>si differentia individualis et natura communis essent eadem res.</u>

同様に〔第三反駁〕，同一の被造物（res creata）に，相反する事柄が適合することはありえない。しかるに，共通と固有は相反する事柄である。それゆえ，同一のものが共通であり，かつ固有であることはない。だが，<u>もし個体的差異と共通本性が同一のものであるとしたら</u>，こうしたことが帰結することになるであろう。(OPhI, 55, lin.22-25 ; 拙訳『オッカム「大論理学」註 I』創文社，1999，本文訳 57 頁)

すなわち。これらの反駁のなかでオッカムは，「スコトゥスが個体的差異・このもの性 σ と共通本性 α とが同一のもの res である(σ) = (α) と主張した」と解釈し，これに反論して，「個体的差異・このもの性 σ と共通本性 α は同一のもの res ではない(σ) ≠ (α)」と述べている〔テキスト①②の下線部を参照〕。しかし，スコトゥスは，「個体的差異・このもの性 σ と共通本性 α とが同一のもの res である(σ) = (α)」と主張しているのではなく，「個体的差異・このもの性 σ と共通本性 α は同一のものに属する存在性 realitates eiusdem rei である」と主張しているのである（*Ord*. II. d.3, p.1, q.6, n.188; Vaticana VII, p.484）。従って，オッカムのスコトゥスに対する反駁は論点がはずれている。個体的差異・このもの性 σ や共通本性 α は res の存在のレベルにおいてあるのではなく，同一の res のうちに属している realitas formalis の存在のレベルにおいてあるからである。スコトゥス派の偽カムプザルのリカルドゥスは，『オッカムを反駁する書』の中で，

136　訳者註解

　このオッカムの第二・第三反駁に対して，次のように反論している。

　　Ad secundum et tertium, quod esse commune et proprium non sunt opposita nisi respectu ejusdem, non solum respectu ejusdem realiter, sed sunt opposita respectu ejusdem formaliter et ideo, quia esse commune et proprium conveniunt eidem rei per distinctas rationes formales, ideo non sunt opposita; impossibile est autem quod per eamdem rationem formalem eidem conveniant quia sic sunt opposita et aliter non. (Ps.Richardus de Campsall, *Logica contra Ockham*, ed. E.A.Synan, in *Nine Medieval Thinkers*. A collection of hitherto unedited texts, Pontifical Institute of Medieval Studies, Toronto, 1955, p.195, lin.8-13)

すなわち，「共通」と「固有」が相反するのは，同じ事柄に関して共通であり，かつ固有である場合だけである，しかるに，「共通であること」と「固有であること」が同一のもの res に適合するのは，同一のもの res に属する異なった形相的特質（rationes formales）においてである。従って，「共通」と「固有」が相反することはない。拙著『オッカム「大論理学」の研究』第 2 章，創文社，1997，55-63 頁；拙訳『オッカム「大論理学」註解 I』本文訳 56-59 頁，及び訳者註解，普遍は心の外のものではない，註 23, 24（183-87 頁），註 32（193-94 頁）を参照。

37）スコトゥス側から，つぎのように反論される。

　もし両方の前提が限定詞（「それ自体において」「自体的に」）なしに用いられる場合には，次の三段論法の形式は妥当である。
（大前提）　すべての個体的差異は或る個物に固有なものである．
（小前提）　すべての本性は或る個物に固有ではない．
（結論）　それゆえ，本性は個体的差異と実在的に同じではない．

しかし，この場合には，小前提が偽である。スコトゥスによれば，本性はそれ自体においては（de se）このものではない。

　　cuiuscumque unitas realis, propria et sufficiens, est minor unitate numerali, illud non est de se unum unitate numerali (sive non est de se hoc); sed naturae exsistentis in isto lapide, est unitas propria, realis sive sufficiens, minor unitate numerali; igitur etc.

　それにとって固有で十分な実在的な一が，数的な一よりもより小さい（弱い）一であるものは，それが何であろうと，それ自体で数的な一によって一であることはないし，（あるいは，それ自体でこのものであることもない）。しかるに，この石の中に存在している本性にとって固有な，実在的で十分な一は，数的な一よりもより小さい（弱い）一である。従って云々。(Duns Scotus, *Ord*.II, d.3, p.1, q.1, n.8; Vaticana VII, p.395, lin.1-5；拙訳，ヨハネス・ドゥンス・スコトゥス『命題集註解』第 2 巻，中世思想原典集成 18，223-24 頁)

それゆえ，「すべての本性はそれ自体においては，或る個物に固有ではない」は真である。しかしスコトゥスによれば，本性が個体的差異と結びついている限りにおいては，本性は或る特定の個物に固有である。

　　quo contrahente posito (natura) non potest alii

　　特定化する原理がいったん置かれるならば，（本性）は他の事物に内在することはできない。(Duns Scotus, *Ord*.II, d.3, p.1, q.1, n.41 Vaticana VII, p.409, lin.8；前掲拙訳, 235

頁)
それゆえ,「すべての本性は或る個物に固有ではない」という小前提は偽である。
38) このオッカムの議論も,スコトゥスの理論に対する或る種の無理解に基づく。スコトゥスは実際には,次のように主張している。
   licet alicui (naturae) exsistenti in re non repugnet esse in alia singularitate ab illa in qua est, non tamen illud (naturae) vere potest dici de quolibet inferiori, quod 'quodlibet est ipsum' ……
   外界の事物の内に存在する（本性）が,今現にその内に存在している個物（A）とは別な個物（B）の内に存在するということは本性それ自体に反することではないけれども,しかしそのようなもの（本性）は,「すべてのもの（A, B, ……）はこれである」というふうに,すべての下位の事物に真に述語づけられうるものではないからである。(Duns Scotus, *Ord*.II, d.3, p.1, q.1, n.41; Vaticana VII, p.407, lin.3-5 ; 前掲拙訳, 233頁)
   すなわちスコトゥスによれば,ソクラテスの内に存在する本性は,それ自体で考察されるならば,この人間の内に存在する,あるいはあの人間の内に存在するように限定されているわけではない。それゆえ本性はそれ自体においては,個別性に対して本性的により前であり,本性的により前である限りにおいて,本性はこのものやあのものに対して中立である。この意味では,すべての事物に対して共通であることは,本性それ自体に反することではない。しかしながら,本性は外界の実在の個物の内に存在する限りにおいては,完全な意味での普遍ではない。実在の世界において,個体的差異と結びついている限りにおいては,本性は或る特定の個物に固有である。従って,小前提「本性は実在的に共通である」は偽であり,この三段論法は妥当ではない。
39)「代示の対象を他へ逸らす,あるいは縮小させる限定詞」(determinatio distrahens vel diminuens) の意味については,拙訳『オッカム「大論理学」註解 I』訳者註解,普遍は心の外のものではない,註 30, 191 頁を参照。「実在的」や「形相的」といった限定詞が,代示の対象を他へ逸らすことも,縮小させることもないというオッカムの主張は,『大論理学』第 I 部第 16 章（拙訳『オッカム「大論理学」註解 I』本文訳 58 頁）にも見出される。しかし,もし私がスコトゥスの立場に立つならば,私はオッカムに同意することはできない。何故,「実在的」が,代示の対象を他へ逸らすことも,縮小させることもない限定詞と言えるのか。何故,〈個体的差異は実在的に本性である。ゆえに,個体的差異は本性である〉という推論が成立するのか。スコトゥスの存在論によれば,この推論は妥当ではない。個体的差異は形相的には本性でないからである。スコトゥス派の一人である偽カムプザルのリカルドゥスは,『オッカムを反駁する書』の中で,次の反論をオッカムに提出している。
   quando dicitur quod *realiter* non est dictio distrahens; dico quod respectu alicujus determinabilis est distrahens et respectu alicujus non, sicut heac determinatio *secundum caput* respectu huiusmodi determinabilis *album* est dictio distrahens; quia non sequitur: est albus secundum caput; ergo est albus; respectu tamen hujusmodi determinabilis *crispus* non est dictio distrahens; sequitur enim: est crispus secundum caput; igitur, est crispus. Ita est de ista dictione *raliter*; respectu enim huiusmodi determinabilis *currere* non est dictio distrahens

138　訳者註解

quia sequitur: currit realiter; ergo, currit. Respectu tamen hujusmodi determinabilis *idem*, est diminuens; identitas enim realis compatitur secum aliquam distinctionem sive non-identitatem, puta, formalem; identitas autem formalis non. Et tunc sicut non sequitur: est idem minori identitate; ergo majori identitate, ita non sequitur: est idem realiter; ergo, est idem formaliter, quia major identitas implicatur in consequente quam implicatur in antecedente; ergo, etc.

　（オッカム）によって、「実在的」は代示の対象を他へと逸らす語句ではないと主張される時には、私は次のように反論する。「実在的」という語句は、それによって限定される或る語に関してはその語の代示の対象を他へと逸らすし、或る語に関してはその語の代示の対象を他へと逸らさない。それはちょうど、「頭において」という限定詞の場合と同様である。すなわち、「頭において」という限定詞は、それによって限定される「白い」という語に関しては、その語の代示の対象を他へと逸らす語句であり、それゆえ、〈彼は頭において白い．ゆえに、彼は白い〉という推論は成立しない。他方、「縮れ髪」（crispus）という限定される語に関しては、その語の代示の対象を他へと逸らす語句ではない。すなわち、〈彼は頭において縮れ髪である．ゆえに、彼は縮れ髪である〉という推論が成立する。「実在的」という語句についても同様である。「実在的」という限定詞は、それによって限定される「走る」という語に関してはその語の代示の対象を逸らす語句ではない。〈彼は実在的に走る．ゆえに、彼は走る〉という推論が成立するからである。だが、「実在的」という限定詞は、それによって限定される「同一」というような語に関しては、その後の代示の対象を縮小させる語句である。なぜなら、実在的な同一性は、或る相違（すなわち非同一性、例えば形相的相違）と両立可能であり、形相的同一性はそうではないからである。従ってこの場合には、〈より小さい同一性によって同一である．ゆえに、より大きな同一性によって同一である〉という推論が成立しないのと同様に、〈実在的に同一である．ゆえに、形相的に同一である〉という推論は成立しない。後件においては、前件よりも、より大きな同一性が含意されているからである。(Ps.Richardus de Campsall, *Logica contra Ockham*, c.15, *loc.cit.*, p.196, lin.6-18)

　拙訳『オッカム「大論理学」註解 I』訳者註解，普遍は心の外のものではない，註31，192-93頁を参照。

40)　全体及び皆無についての規則（dictum de omni et nullo）については、拙訳『オッカム「大論理学」註解 I』訳者註解，範疇，註31，252頁を参照。

41)　ここでの、スコトゥスの理論に対するオッカムの批判に関しては、詳しくは、拙著『オッカム「大論理学」の研究』第2章，63-75頁を参照。

42)　スコトゥスの理論に対するオッカムの批判の是非に関する、アダムズ教授（オックスフォード大学）と私の論争に関しては、次の論文を参照。

　　M.M.Adams (1995), "Common Nature and Instants of Nature: Ockham's Critique of Scotus Reconsidered, "*Veritas, Kyodai Studies in Medieval Philosophy* XIV, Kyoto, Japan.
　　Katsumi Shibuya (1996), "Scotus on Common Nature—Is Scotus's Theory Incoherent ?—," *Veritas, Kyodai Studies in Medieval Philosophy* XV, Kyoto, Japan, 1996., pp.77-82.

43)　「本性は数的に一である」というスコトゥスの言明は、例えば『命題集註解』（オル

ディナチオ）第2巻第3区分第1部第6問題173（Vaticana VII, p.477, lin.6-11；拙訳，ヨハネス・ドゥンス・スコトゥス『命題集註解』第2巻，中世思想原典集成18, 287-88頁）に見出される。

オッカムの議論は次のように要約される。これらの推論
　①（本性aは共通であり，より小さい（弱い）一によって一である）
　──→②（本性aはより大きな（強い）一に対立する多，すなわち数的な多と両立する）
　①'（本性aはより大きな（強い）一によって一である）
　──→②'（本性aは対立する多，すなわち数的な多と両立しない）
において，推論の後件②②'どうしが矛盾する場合には常に，前件どうし①①'も矛盾するであろう。しかるにスコトゥスは，「本性aは数的に一であり，より大きな（強い）一によって一である」と述べている。だとすると，「本性aは，より小さい（弱い）一によって一である」は偽である。

しかし，スコトゥスはこのオッカムの批判を容易にかわすことができると私には思われる。スコトゥスは，同じ仕方で，「本性aはより小さい（弱い）一によって一であり」，且つ「（本性aはより大きな（強い）一によって一である」と述べているのではないからである。『命題集註解』第2巻第3区分第1部第6問題173によれば，本性はそれ自体においては（de se）より小さい（弱い）一によって一であり，派生的に（denominative）のみより大きな（強い）一によって一である。従って，前件命題①と①'は矛盾しない。

44) 『命題集註解』第2巻第3区分第1部第1問題9（Vaticana VII, p.395, lin.11-13；前掲拙訳，287-88頁）。

45) [I] オッカムの議論は，次のように要約される。スコトゥスは二つのテーゼを主張している。
　(T1) より小さな（弱い）一は矛盾することなく，より大きな（強い）一に対立する多と両立することができる（Scotus, *Ordinatio* II, d.3, p.1, q.1, n.9; Vaticana VII, p.395, lin.11-12）.
　(T2) 本性と個体的差異は実在的に異ならない（Scotus, *Ordinatio* II, d.3, p.1, q.6, n.188; Vaticana VII, p.484, lin.2-9）
この (T2) と，次の原理
　(P) 二つが実在的に同一のものである場合には，それらの一方はいずれも，神の力によって，他方でありうる．
から，「より小さな（弱い）一を持つ本性は，実在的に異なる多くの事物の内に存在することができない」という結論が導かれるが，この結論は (T1) と矛盾する。

[II] このオッカムの議論に対して，私は二つの点から反論する。第一に，オッカムの述べている (P) は数において異なる事物に関しては妥当な原理であるが，しかし実在的には同一であるが，形相的には異なる本性と個体的差異の場合には適用されるべきではない。オッカムの議論は結局，彼が形相的区別を認めないということから出てくる議論である。

第二に，オッカムは次のように議論を進めている。個体的差異は多くの事物の内に存在することはできない。しかるに，本性は例えば，ソクラテスの個体的差異と実在的に

同じである。従って，本性も多くの事物の内に存在することができない。——このオッカムの議論がスコトゥスの理論を理解していないことは明らかである。XとYが実在的に同じであり，形相的に異なる場合，外界の事物においては (in re)，XがYから分離されることは不可能であるが，しかしこれらXとYはそれ自体においては (de se) 互いに分離されることが可能である。Xはそれ自体においては，Yよりも本性的により前だからである。すなわち可能態においてあるものが，現実態においてあるものによって形相づけられるように，人間の本性がソクラテスの個体的差異によって形相づけられ，このものへと特定化される (Scotus, *Ordinatio* II, d.3, p.1, q.6, n.173; Vaticana VII, p.477; *ibid*., n.189, Vaticana VII, pp.484-85) 限りにおいて，ソクラテスの中の人間の本性は，ソクラテスの個体的差異から分離されることは不可能である。人間の本性と，ソクラテスの個体的差異は，実在的には同じもの (res) である。しかしスコトゥスの理論によれば，もし本性がそれ自体において (de se) 考察されるならば，本性はこの事物の内に存在するように限定されることもないし，あの事物の内に存在するように限定されることもない。本性はそれ自体においては，個体的差異よりも本性的により前である。それゆえ，ソクラテスの中に今存在している本性が，ソクラテスの個体的差異なしに存在することは本性それ自体に反することではない。ソクラテスの中に今存在している人間の本性が，プラトンの個体的差異と結合することは可能である。スコトゥスは次のように述べている。

> ita etiam in re extra, ubi natura est cum singularitate, non est illa natura de se determinate ad singularitatem, sed est prior naturaliter ispa ratione contrahente ipsam ad singularitatem illam, et in quantum est prior naturaliter illo contrahente, non repugnat sibi esse sine illo contrahente.
>
> 外界の事物において，本性は何らかの個別性を伴っているが，しかしそれ自体においては，本性は或る特定の個へと限定されているわけではない。本性は，それを個へと特定化する原理よりも本性的により前であり，本性的により前である限りにおいて，特定化するものなしに存在することは，本性それ自身に反することではない。(Duns Scotus, *Ord*.II, d.3, p.1, q.1, n.34; Vaticana VII, p.404, lin.6-10；前掲拙訳，231頁)

従ってスコトゥスによれば，本性が今現在している事物と別の事物の内に存在するということは，本性それ自体に反することではない。更に，多くの事物の内に存在するということも，本性それ自体に反することではない。それゆえ本性はそれ自体においては，他の事物や多くの事物の内に存在する可能性を有しているのである。拙論，Katsumi Shibuya (1996), "Scotus on Common Nature—Is Scotus's Theory Incoherent ?—," *Veritas, Kyodai Studies in Medieval Philosophy* XV, Kyoto, Japan, 1996., pp.82-85 を参照。

46) Duns Scotus, *Ord*.II, d.3, p.1, q.1, n.34; Vaticana VII, p.404（前掲拙訳, 231頁）を参照。
47) 肯定的な意味で (positive) 共通であることと，否定的な意味で (negative) 共通であることの相違に関しては，拙著『オッカム「大論理学」の研究』68-70頁を参照。
48) スコトゥスは『パリ講義』(*Reportatio Paris*) の中で，次のように述べている。

> Sed loquendo de natura extra animam, ipsa est propria illi, cuius est, sed non de se, sed per aliquid posterius se contrahens ipsum, ut per haecceitatem.
>
> 外界の本性について言うならば，本性はそれが属する事物に固有であるが，しかしそ

れは本性それ自体によるのではなく、本性を特定化するより後なるもの、すなわちこのもの性による。(Scotus, *Reportatio Paris*, II, d.12, q.5, n.14; ed.Wadding, XI, p.329) すなわちスコトゥスの側からは、次のように反論される。外界の実在する事物の中で、本性が個体的差異と結びついている限りにおいては、〈複数のものの内に内在する〉ということは本性に反するけれども、しかし〈複数のものの内に内在する〉が本性それ自体に (de se) 反することはない。例えばソクラテスが白い間黒くないのと同じ様に、人間の本性もこのものである間、あのものではなく、数的に一である間、多ではない。しかし、ソクラテスが白くなく、代わりに黒さが彼に内属することが可能であり、ちょうどそれと同様に、ソクラテスの内に存在する人間の本性も、ソクラテスの個体的差異と結びつかずに、代わりにプラトンの個体的差異と結びつくことが可能である。それゆえ本性は、〈それ自体においては或る一つの事物に内在するように限定されていず、複数の他の事物に内在することは本性それ自体に反することではない〉という否定的な意味において、共通である。

49) スコトゥスは、『命題集註解』第2巻第3区分第6問題175において次のように述べている。

 Ita concedo quod quidquid est in hoc lapide, est unum numero,―――vel primo, vel per se, vel denominative: 'primo' forte, ut illud per quod unitas talis convenit huic composito; 'per se' hic lapis, cuius illud quod est primo unum hac unitate, est per se pars; 'denominative' tantum, illud potentiale quod perficitur isto actuali, quod quasi denominative respicit actualitatem eius.

 したがって、私は次のことを認める。この石の中に存在するものは何であれ、数的に一である。――或るものは第一に (primo) 数的に一であり、或るものは自体的に (per se) 数的に一であり、或るものは派生的に (denominative) 数的に一である。おそらく〈第一に〉は、それによってこのような数的な一が結合体に属するところのもの〔すなわち個体的差異〕が第一に数的に一である。次に、この数的な一によって第一に一である個体的差異がそれの自体的部分であるところ、この石が〈自体的に〉数的に一である。他方、現実態にあるもの〔すなわち、個体的差異〕によって完成される、可能態においてあるもの〔すなわち、本性〕は、いわば派生的にその現実態に関わっており、それゆえ、本性は単に〈派生的に〉数的に一である。(Duns Scotus, *Ord*.II, d.3, p.1, q.6, n.175; Vaticana VII, p.477, lin.17-p.478, lin.2 ; 拙訳、ヨハネス・ドゥンス・スコトゥス『命題集註解(オルディナチオ)』第2巻第3区分第6問題175, 中世思想原典集成18, 後期スコラ哲学, 平凡社, 288頁)

この引用の下線部から明らかなごとく、スコトゥスの理論においては、個体的差異は自体的な仕方で (per se) 数的に一であることはない。このスコトゥスの明言に基づいて、オッカムは次のように議論している。

(大前提) スコトゥスの慣用的な言い方「……であることは或るものそれ自体に反することではない」(non repugnare ex se) を、〈Aであることは、Bそれ自体に反しない=Aは自体的な第一の仕方でBに適合する〉と解する。

(小前提) しかるに、スコトゥス自身が「個体的差異は自体的な第一の仕方で数的に一ではない」と述べている。

(結論) それゆえ,「数的な一でない,すなわち数的な一よりもより小さい (弱い) 一であることは,個体的差異それ自体に反しない」という結論が導かれることになるが,これは明らかに誤りである。

50) スコトゥスの個体化の理論に対する,同様のオッカムの批判は,『大論理学』第 I 部第 16 章第 4 反駁にも見出される。拙訳『オッカム「大論理学」註解 I』本文訳 57 頁,及び訳者註解,普遍は心の外のものではない,註 25, 187-88 頁を参照。

51) スコトゥスは,『命題集註解』第 2 巻第 3 区分第 1 問題 34 において次のように述べている。

> licet non habeat eam de se, ita quod sit intra rationem naturae……, tamen illa unitas est propria passio naturae secundum entitatem suam primam,
> 本性はこのようなより小さな (弱い) 一をそれ自体において持ち,それゆえ,このような一が本性の本質のうちに含まれるということはないが,このような一は,本性の第一義的な存在にもとづいて,本性に固有な属性なのである。(Duns Scotus, Ord.II, d.3, p.1, q.1, n.34; Vaticana VII, p.404, lin.18-22 ; 拙訳,ヨハネス・ドゥンス・スコトゥス『命題集註解』第 2 巻,中世思想原典集成 18, 232 頁)

52) 「外界の事物の内に存在する本性は,完全な意味での現実態における普遍 (universale in actu) ではなく,可能態における普遍,共通なもの (commune) である。本性は知性によって考察され,知性の内に存在を持つ場合にのみ,完全な意味での現実態における普遍である」というスコトゥスの主張に関しては,前の箇所 (OThII, p.165, lin.10-p.166, lin.7) を参照。以下では,このスコトゥスのテーゼが,オッカムによって批判される。

53) 「これは,彼等〔スコトゥス〕自身の言明に反する。彼等によれば,実在的に個でないような外界の事物は存在しない (nulla est res quin sit realiter singularis) からである」という彼の言葉は,オッカムの誤解によると思われる。「外界の本性は或る意味で普遍であり,共通である」というのがスコトゥスの立場だからである。先にも引用したごとく,スコトゥスは次のように述べている。

> ita etiam in re extra, ubi natura est cum singularitate, non est illa natura de se determinata ad singularitatem, sed est prior naturaliter ipsa ratione contrahente ipsum ad singularitatem illam, et in quantum est prior naturaliter illo contrahente, non repugnat sibi esse sine illo contrahente, …… ita etiam in re natura secundum illam entitatem habet verum esse reale extra animam, ——et secundum illam entitatem habet unitatem sibi proportionalem, quae indifferens est ad singularitatem, ita quod non repugnat illi unitate de se quod cum quacumque unitate singularitatis ponatur (Scotus, Ord. II, d.3, p.1, q.1; Vaticana VII, p.404)

54) ここでの議論は次のように整理される。

スコトゥスのテーゼ
本性は外界の事物 (in re) の内に存在する場合には,可能態における不完全な意味での普遍であるが,知性認識されて知性の中に存在を持つ場合には,本性は完全な意味での現実態における普遍である。

オッカムの議論
オッカムは,このスコトゥスのテーゼに対して次のように反論する。連続体を無限に分割する場合や或るものが矛盾対立する両方への可能性を持つ場合には,或るもの (A)

が現実態において存在するとしても，他の現実態（B）への可能性が残っている。例えば直線が現実に

```
       a        b     c
   ┼────────┼─────┼
```

と分割されているとしても，この直線は更に分割される可能性を持つ。しかし，ここで問題にされている事例においてはそうではない。外界の事物の内に存在している本性が現実態において個であるとしたら，それは可能態においても不完全な意味においても普遍ではない。従って，スコトゥスのテーゼを認めることができない。

私のコメント

しかし私は，オッカムの批判は正当ではないと考える。オッカムはスコトゥスのテーゼで言われている「可能態における普遍」「現実態における普遍」を，例えば物体が黒くなるように，或る事物が可能態から現実態へと移行する場合の「可能態」「現実態」の意味で理解し議論している。しかし Tweedale（Martin M.Tweedale, *Scotus vs. Ockham—A Medieval Dispute over Universals*. Volume II: Commentary, The Edwin Mellen Press, 1999. p.806）が指摘しているごとく，スコトゥスが用いている「可能態における普遍」「現実態における普遍」とは，或る事物が可能態から現実態へと移行する意味での「可能態」や「現実態」ではない。スコトゥスは次のように述べている

> <u>universale in actu</u> est illud quod habet aliquam unitatem indifferentem, secundum quam ipsum idem est in potential proxima ut dicatur de quolibet supposito, quia secundum Philosophum I *Posteriorum* 'universale' est quod est unum in multis et de multis. Nihil enim ──secundum quamcumque initatem── in re est tale quod secundum illam unitatem praecisam sit in potential proxima ad quodlibet suppositum praedicatione dicente 'hoc est hoc', quia licet alicui exsistenti in re non repugnet esse in alia singularitate ab illa in qua est, non tamen illud vere potest dici de quolibet inferiore, quod 'quodlibet est ipsum'; hoc enim solum est possible de obiecto eodem numero, actu considerato ab intellectu,──quod quidem 'ut intellectum' habet unitatem etiam numeralem obiecti, secundum quam ipsum idem est praedicabile de omni singulari, dicendo quod 'hoc est hoc'.

<u>現実態における普遍（univesale in actu）</u>は，すべての個別的なものに対して中立的な一を有するものであり，この一によって，それがすべての個体に述語づけられうる直接的なちからを持つ。なぜなら，アリストテレスの『分析論後書』第 1 巻によれば，「普遍とは多くのものにおける一，多くのものについての一だからである」。しかし外界の事物においては，如何なる一によってであれ，確然たる一によって，すべての個体に対して，「これはこれである」という述語づけがなされるような直接的なちからを持つものは存在しない。なぜなら，外界の事物のうちに存在する〔本性〕が，今現にそのうちに存在している個物〔A〕とは別な個物〔B〕のうちに存在するということは本性それ自体に反することではないけれども，しかしそのようなもの〔本性〕は，「すべてのもの（A, B, ……）はこれである」と言うように，すべての下位の事物に真に述語づけられうるものではないからである。このことは，知性によって現実に考察されている，数的に同一な知性認識の対象にのみ可能である。対象は，〈知性認識されているものとして〉，対象の数的な同一性を有しており，この一性に基づいて，「これはこれである」と言うように，同一のものがすべての個体に述語づけられるか

らである。(Duns Scotus, *Ord*.II, d.3, p.1, q.1, n.37; Vaticana VII, p.406, lin.11-p.407, lin.9；拙訳，ヨハネス・ドゥンス・スコトゥス『命題集註解』第2巻，中世思想原典集成 18, 233 頁)

> Est ergo in re 'commune', quod non est de se hoc, et per consequens, ei de se non repugnant non-hoc. Sed tale commune non est universale in actu, quia deficit illa indifferentia secundum quam completive universale est universale, secundum quam scilicet ipsum idem identitate est praedicabile de quolibt individuo, ita quod quodlibet sit ipsum.

> 本性は外界の事物において共通であり，このような共通なもの〔本性〕はそれ自体においてはこのものではない。従って，このものではなく，他のもの・あのものであることは，〔本性〕それ自体に反することではない。しかしながら，このような共通なもの〔本性〕は現実態における普遍 (universale in actu) ではない。なぜなら，それによって普遍が完全な意味での普遍となる，すべての個別的なものに対する中立性——すなわち，或る同一性によって，「すべてのものはこれである」と言うように，同じものがすべての個物に述語づけられうる中立性——を，このような共通なもの〔本性〕は欠いているからである。(Duns Scotus, *Ord*.II, d.3, p.1, q.1, n.38; Vaticana VII, p.407, lin.20-p.408, lin.3；前掲拙訳, 234 頁)

このスコトゥスのテキストから，次のことが明らかである。スコトゥスが用いている「可能態における普遍」「現実態における普遍」とは，本性が完全な仕方で或る個物に限定されていないのか，不完全な仕方で或る個物に限定されていないのかということである。すなわちアリストテレスが述べているごとく，普遍とは①多くのものにおいて存在する一，あるいは②多くのものについて述語づけられる一である。本性が知性によって認識されて，知性の内に一つの概念として存在する場合には，②の意味で完全な仕方で普遍であり，それゆえ「現実態における普遍」と呼ばれる。他方，本性が外界の事物の内に存在する場合には，本性は無論②の意味で完全な仕方で普遍であることは不可能である。更に，①の意味で完全な仕方で普遍であることもありえない。同一の人間の本性が，ソクラテスにもプラトンにも同時に存在することは不可能だからである。外界の事物の内に存在する本性は，そのような同一性を欠いている。しかしだからと言って，外界の事物の内に存在する本性が普遍性を全く持っていないわけではない。今現にそのうちに存在している個物〔A〕とは別な個物〔B〕のうちに存在するということは本性それ自体に反しないという意味では，不完全な仕方ではあっても，何らかの普遍性を有しているのである。外界の事物の内に存在する本性が「可能態における普遍」あるいは「共通」と呼ばれるのはこのゆえである。

55) 『命題集註解』第2巻第3区分第1部第1問題 37 (Vaticana VII, p.406, lin.11-p.407, lin.9；前掲拙訳, 233 頁)。

56) OThII, p.166, lin.8-13。しかし前註 54 で述べたごとく，スコトゥスによれば，完全な意味での「普遍」であるために必要とされる条件と，「共通」であるための条件は同じではない。それゆえ共通なものが必ずしもすべて，完全な意味で普遍であるとは限らない。すなわち，外界の事物の内に存在する本性は共通ではあるが，完全な意味での普遍ではない。

57) スコトゥスの次の議論の参照。

illud non est realiter idem isti, sine quo hoc realiter manet; sed fundamentum manet in esse existentiae, relatione non manente; igitur non sunt idem realiter. Maior patet, quia contradictio est primum principium distinguendi aliqua, quia impossibile est idem simul esse, & non esse. Si igitur concluditur hoc non esse illud realiter, quia aliquid inesset realiter uni, cui non aliud; igitur potest concludi hoc inesse esse aliud ab illo inesse; si hoc manet in esse existentiae, quando illud non manet. (Scotus, *Reportatio Paris*, II, d.1, q.7, n.4; ed. Wadding, XI, p.261)

すなわちスコトゥスによれば，もし A が存在し，B が存在しないならば，A と B は実在的に区別される。

オッカムの議論

このスコトゥスの原理を用いて，オッカムは次のようにスコトゥス自身の説を批判する。もし図のごとく，

```
         同一の人間の本性
         ／        ＼
    ソクラテス      プラトン
```

ソクラテスの内に存在する本性がプラトンにも共通であり，同一の人間の本性が同時にソクラテスにもプラトンにも存在するとしたら，ソクラテスが消滅するとしたら，ソクラテスの中に存在する本性も消滅し，それゆえプラトンの中に存在する本性も消滅し，従ってプラトン自身も消滅することになるであろう。しかし実際には，たとえソクラテスが消滅するとしても，プラトンの中の人間の本性が存続し，従ってプラトン自身も存在する。もし我々がこの矛盾を避けようとするならば，我々はスコトゥス自身が述べている原理に従い，ソクラテスの中に存在する本性とプラトンの中に存在する本性は実在的に別であることを認めなければならない。だとすると，ソクラテスの内に存在する本性は共通ではなく，個別的なものであるという結論が帰結する。

私のコメント——スコトゥスの弁護

このオッカムの議論に対して，私はスコトゥスを弁護して，次のように答える。我々は「共通」という語の意味を区別しなければならない（前註47を参照）。第一には本性は，同一の本性が同時に多くの個物の内に存在するという意味で共通であると言われる。もし我々が「共通」ということをこの意味で解するのであれば，オッカムが議論しているような矛盾が生じるであろう。しかし，スコトゥスはこのような肯定的な意味で「共通」という語を用いているのではない。スコトゥスは第二の意味で，すなわち本性はそれ自体においては，或る特定の個物の内にのみ存在するように限定されているわけではないという否定的な意味で，「共通」という語を用いているのである。すなわち，人間の本性は，ソクラテスの個体的差異と結び付いている限りにおいて，ソクラテスの内に存在する。しかし，今現在ソクラテスの内に存在している本性はソクラテスの内にのみ存在するように限定されているわけではない。プラトンの内に，あるいはその他の人間の内に存在することは，この本性それ自体に反することではない。スコトゥスはこのような意味で，本性は共通であると述べているのである。このような意味に「共通」とい

う語を解するならば，如何なる矛盾も生じない。
58) オッカムが OThII, p.166 lin.10-11 で引用しているスコトゥスのテキスト，『命題集註解』第2巻第3区分第1部第1問題42 (Vaticana VII, p.410, lin.6-7；前掲拙訳, 236頁)。
59) 前註58で指摘された箇所のすぐ後 OThII, p.166 lin.11-13 で引用されているスコトゥスのテキスト Duns Scotus, *Ord*.II, d.3, p.1, q.1, n.42; Vaticana VII, p.410, lin.7-8 (前掲拙訳, 236頁)。
　　オッカムは，スコトゥスがテキストの中で述べていることは相互に矛盾すると主張する。スコトゥスは次のように述べている。
　　　communitas convenit naturae extra intellectum, et similiter singularitas, (Vaticana VII, p.410, lin.6-7)
スコトゥスによれば，
　　(T1)　共通性は知性の外の本性に属する。
　　(T2)　個別性は知性の外の本性に属する。
もし「本性」が個別的でない，或る実在的に存在するものを代示するとしたら，(T1) は (T2) と矛盾する。
　　しかし，私はオッカムに同意できない。スコトゥスは更に，同じ箇所で次の文言を付け加えているからである。
　　　—et communitas convenit <u>ex se</u> naturae, singularitas autem convenit naturae <u>per aliquid in re contrahens ipsam</u>.
　　ただし共通性は，本性に，<u>本性それ自身によって</u>属するのに対して，個別性は<u>事物の中の，本性を特定化するもの</u>によって本性に属する。(Ibid., p.410, lin.7-9)
すなわち，(T1) は「それ自身によって」という限定詞によって条件が付け加えられており，(T2) は「本性を特定化するものによって」という限定詞によって条件が付け加えられている。それゆえ，(T1) と (T2) は矛盾しない。
60) スコトゥスに対するオッカムの同様の批判は，オッカムの『大論理学』(Summa Logicae) 第I部第16章第5反駁 (拙訳『オッカム「大論理学」註解I』本文訳57頁) の中にも見出される。このオッカムの批判に関しては，拙著『オッカム「大論理学」の研究』第2章，75-83頁；拙訳『オッカム「大論理学」註解I』訳者註解，普遍は心の外のものではない，註26，188-90頁の中で詳しく論じたので，ここでは省略する。
61) 前註39を参照。
62) オッカムの確証のための論証は，その前のスコトゥスの側からの反論 (OThII, p.184, lin.16-17) に直接に関連している。それゆえ，ここでの前件とは，「ソクラテスの中に存在する人間の本性は，それ自体では個でないものである」(humanitas quae est in Sorte est de se non singularis) という命題であると解される。あるいは，もしこの命題が文字通りに解される場合偽であるとしたら，「ソクラテスの中に存在する人間の本性は，それ自体では個ではない」(humanitas quae est in Sorte non est de se singularis) という否定命題であると解される。他方，後件は，「ソクラテスの中に存在する人間の本性は，多くの人間に共通であることが可能である」(humanitas quae est in Sorte potest esse com-

munis pluribus hominibus) である。
　　後件が偽であることの，オッカムによる証明は次のように解される。
　　　原理（P）X と Y が実在的に同一である X＝Y 時には，X＝Z であり，Y≠Z で
　　あることはありえない。
　　しかるに，もしスコトゥスの言うように，「ソクラテスの中に存在する人間の本性は，
多くの人間に共通であることが可能である」とすれば，図のごとく，

ソクラテス	プラトン
(b) 個体的差異	(c) 個体的差異
(a) 人間の本性	(a) 人間の本性

同一の人間の本性がプラトンにおいても存在することになるであろう。更に，スコトゥ
スによれば，ソクラテスの中に存在する人間の本性は，それを特定化するソクラテスの
個体的差異と実在的に同一であり，またプラトンの中にある個体的差異とも実在的に同
一であるとしたら a＝b ＆ a＝c，原理（P）によって，ソクラテスの中にある個体的差
異とプラトンの中にある個体的差異が同一である b＝c ことになるが，これは矛盾を含
む。従って，「ソクラテスの中に存在する人間の本性は，多くの人間に共通であること
が可能である」という後件は偽である。

63) Scotus, *Ordinatio*, I, d.1, p.1, q.2, n.42; d.2, p.2, q.4, n.394 (Vaticana II, pp.26-27, p.352). 以
下の議論は，「ソクラテスの本性とプラトンの本性は，本性に付け加えられた個体的差
異によって区別される」というスコトゥスの説に対してオッカムが，スコトゥス自身の
他の箇所での言明に基づいて批判するという形式になっている。

64) ここでのオッカムの主張「本性はそれに付け加えられたものによって個体化される
のではなく，自らの形相的性質によって個体化され，相互に区別される」は，スコトゥ
スが『命題集註解』第 2 巻第 1 問題で検討した唯名論の説と同じになる。スコトゥス
は，この唯名論の説を多くの理由から否定している（Vaticana VII, pp.391-410；前掲拙
訳，221-36 頁）。

65) スコトゥス自身が神のペルソナと発出に関する議論の中では，相違や同一は自らの
形相的性質によると述べている。
　　notandum est quod sicut repugnantia repugnant ex suis propriis rationibus, ita non-
　　repugnantia, sive compossibilitas, est ex propriis rationibus compossibilium. (Scotus,
　　Ordinatio, I, d.2, p.2, qq.1-4, n.377; Vaticana II, p.344, lin.10-13)

66) スコトゥスは『形而上学問題集』第 7 巻第 13 問題の中で，数において同一の本性
が同時にソクラテスとプラトンの内に存在することを否定している。
　　substantia quaelibet singularis 'est propria sibi', ita quod eadem numero non potest esse
　　alterius. (Scotus, *Quaestiones super Libros Metaphysicorum Aristotelis*, Lib. VII, Quaest.
　　13, n.109; St.Bonaventure, N.Y. 1997, p.255, lin.2-3)
　　Responsio: si realiter loquamur, humanitas quae est in Socrate non est humanitas quae est
　　in Platone,…… (Scotus, *loc.cit.*, n.144, p.267, lin.12-13)

67) **オッカムの議論** オッカムは次のように議論している。語 a は個体的差異から区別

されたソクラテスの本性のみを代示し，語 b は個体的差異から区別されたプラトンの本性のみを代示すると仮定する。

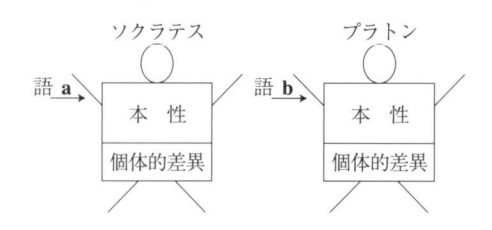

```
      ソクラテス              プラトン
        ○                      ○
  語 a →┌──────┐      語 b →┌──────┐
        │ 本 性 │            │ 本 性 │
        ├──────┤            ├──────┤
        │個体的差異│          │個体的差異│
        └──────┘            └──────┘
```

　もし語 a と b が代示するものが同じでないとしたら，語 a と b が代示するものは仮定により個体的差異を含んでいないのであるから，それらの本性は個体的差異によってではなく，本性自らの形相的性質によって相互に区別される。

　私のコメント　Tweedale（Ibid., p.813）は「このオッカムの論証は有力であり，決定的なものである」と評価しているが，私はそうは思わない。たとえ a と b が代示するものが個体的差異を含んでいないとしても，個体的差異が，a と b の代示する本性と無関係であることにはならないからである。スコトゥスの理論においては，本性と個体的差異は可能態と現実態の関係にあり，本性 a, b は個体的差異によって形相づけられ，現実化される（Scotus, Ord.II, d.3, p.1, q.6, n.180; VaticanaVII, p.479; n.173; VaticanaVII, p.477；前掲拙訳，290, 287-88 頁）。それゆえ，「語 a と b の代示する本性が，個体的差異とは無関係に相互に区別される」という結論が導き出されることはない。

68)　更に，オッカムが述べている「a は実在的に，プラトンの特定化する個体的差異と矛盾する」という命題も，スコトゥスの理論を正確に表わしていない。スコトゥスによれば，本性 a はソクラテスの個体的差異と結び付いている間，プラトンの個体的差異と結合することができない。しかし，本性 a はソクラテスの個体的差異よりも本性的により前であり，ソクラテスの個体的差異ではなく，プラトンの個体的差異と結び付くことも可能である。それゆえ本性 a はそれ自体においてはプラトンの個体的差異と矛盾するものではなく，プラトンの個体的差異と両立可能である（Ord.II, d.3, p.1, q.1, n.34; VaticanaVII, p.404；前掲拙訳，231-32 頁）。従って，実在の世界において a がプラトンの個体的差異と矛盾するのは，ソクラテスの個体的差異による。

69)　**スコトゥスを弁護する立場からの反論**　或るものどもが互いに矛盾したり，両立したりする場合，あるいは相違したり同一であったりする場合，我々は二通りのケースを区別しなければならない。
　　① それらがものとものとして（res et res）実在的に異なる，あるいは同一である時には，それらは自らに固有な性質によって矛盾したり両立可能であったりする。
　　② それらが形相的に異なる時には，それらは，それらと実在的に同一な他のものによって矛盾したり両立可能であったりする。
　　オッカムの解答　前註 65 で引用されたスコトゥスの言明は，実在的には同一である形相的に異なる神の本質とペルソナの関係について語られていたものである。それゆえスコトゥス自身が①だけでなく，②のケースにおいても，それらは自らに固有な性質に

よって異なることを認めている
70) OThII, pp.108-109.
71) ［1］ スコトゥスは『パリ講義』の中で次のように述べている。

quaecumque enim ordinem realem haberent aliqua distincta realiter, similem ordinem secundum rationem habent, …… (Scotus, *Reportatio Paris*., Prol., q.1, n.43; ed. Wadding XI, p.12)

更に，『自由討論集』の中でも，次のように述べている。

Qualis ordo per se realis esset inter aliqua, si essent distincta realiter, talis per se ordo est, inter illa, correspondens illi distinctioni, quam habent, …… (Scotus, *Quodlibet*, q.1, n.16; ed.Wadding XII, p.20)

オッカムは，これらのスコトゥスの文言から，「AとBが実在的に区別される場合に持つのと同じ関係（ordo）を，AとBは，たとえそれらが実在的に区別されず，ただ形相的に区別される場合にも持つ」という原理を引き出して議論を進めている。しかし，これら二つのテキストでのスコトゥスの文言はともに神の本質やその認識に関する議論の中でなされたものであり，〈実在的に区別されるものの間に成立する関係（ordo I）と，形相的に区別されるものの間に成立する関係（ordo II）は同じである〉という原理は，ここでの個体化の理論に関する議論に適用されることはできない。スコトゥスの個体化の理論において，ordo I と ordo II は同じではない。

［2］ 確かに，オッカムも述べているように，特定化する個体的差異と特定化される本性は，現実態と可能態という関係にある。スコトゥスは次のように述べている。

ita dico quod potentiale [i.e.natura] quod contrahitur per actuale [i.e.differentia contrahens], informatur ab illo actuali, et per hoc informatur ab illa unitate consequente illam actualitatem sive illud actum; ……

私は次のように言う。現実態においてあるもの〔すなわち個体的差異〕によって特定化される可能態においてあるもの〔共通本性〕は，この現実態におけるものによって形相づけられ，それゆえ，この現実態に伴っている一〔数的な一〕によって形相づけられている。(Scotus, *Ord*.II, d.3, p.1, q.6, n.173; Vaticana VII, p.477, lin.6-8；前掲拙訳，287-88頁)

しかし，形相的に区別される本性とそれを特定化する個体的差異の間のordoIIは，同様に現実態と可能態の関係にあるが，実在的に区別される形相と質料のordoI と異なる（拙著『オッカム「大論理学」の研究』第2章，52-53頁を参照）。スコトゥスは両者の相違を次のように述べている。

dico quod compositio potest intelligi proprie, prout est ex re actuali et re potentiali, —— vel minus proprie, prout est ex realitate et realitate actuali et potentiali in eadem re. Primo modo non est individuum compositum respectu naturae specificae, quia nullam rem*⁾ addit, —quia neque materiam neque formam neque compositum, sicut procedit argumentum. Secundo modo est necessario compositum, quia realitas a qua accipitur differentia specifica, potentialis est respectu illius realitatis a qua accipitur differentia individualis, sicut si essent res et res;

＊）ヴァティカン版では nullam realitatem となっているが，或る写本に従い nullam rem

と読む。
　私は次のように答える。複合は本来的には，現実態におけるも̇の̇（res actualis）と可能態におけるも̇の̇（res potentialis）との複合として解されることができる。――あるいは，それほど本来的でない意味においては，同一のも̇の̇（res）の内の，現実態における存在性（realitas actualis）と可能態における存在性（realitas potentialis）との複合として解されることができる。第一の意味では，個体は種的本性と比べると複合体ではない。なぜなら，個体は如何なるも̇の̇（res）も付け加えてはいないからである。――すなわち，先に議論が更に続けて述べているごとく，個体は質料を付け加えるのでも，形相を付け加えるのでも，それらの複合体を付け加えるのでもないからである。他方，第二の意味では，個体が複合体であることは必然である。なぜなら，ちょうども̇の̇（res）とも̇の̇（res）との場合と同じように，種的差異がそこから取られるところの存在性（realitas）は，個体的差異がそこから取られるところの存在性（realitas）に対して可能態の関係にあるからである。（Duns Scotus, *Ord*.II, d.3, p.1, q.6, n.189; Vaticana VII, p484, lin.13-p.485, lin.42；前掲拙訳，294-95頁）
すなわち，スコトゥスによれば，一つの個体の内に二つの種類の複合が存在する。一つは，現実態における res と，可能態における res の複合（composition ex re actuali et re potentiali）である。形相と質料の結合は，この種の複合であり，それゆえ形相と質料は，実在的（realiter）に区別される。いま一つは，同一の res の内の，現実態における realitas と可能態における realitas の複合（compositio ex realitate et realitate actuali et potentiali in eadem re）である。本性と個体的差異の結合は，この種の複合である。それゆえ，両者は形相的（formalitr）に区別される。従って，実在的に区別されるものの間に成立する関係（ordo）と，形相的に区別されるものの間に成立する関係（ordo）は，たとえ同じAとBが実在的に区別される場合と，形相的に区別される場合であるとしても異なる。

72) ここでの議論でオッカムは，種的本性と個体的差異との関係を，類の本性と種的種差との関係から明確にしようとしている。[第一段階] たとえ白色の中の色の本性（A）が白色という種的差異（C）と実在的に同一でなく，また黒色の中の色の本性（B）が黒色という種的差異（D）と実在的に同一でないとしても，本性AとBはより完全なものとより不完全なものの関係を持ち，それら自身によって区別される。（白さという種的差異の中の本性は，黒さという種的差異の中の本性よりも完全だからである。Cf, Tweedale, Ibid., p.818）[第二段階] もし本性AとBが，CとDと実在的に同一であり，形相的に区別されるとしても，「AとBが実在的に区別される場合に持つのと同じ関係（ordo）を，AとBは，たとえそれらが実在的に区別されず，ただ形相的に区別される場合にも持つ」という原理によって，本性AとBはより完全なものとより不完全なものの関係を持ち，それら自身によって区別される。[第三段階] 種的本性と個体的差異との関係も同様であり，種的本性はそれら自身によって区別される。
　私のコメント　しかし，このオッカムの議論には問題がある。第一に，前註で述べたごとく，「AとBが実在的に区別される場合に持つのと同じ関係（ordo）を，AとBは，たとえそれらが実在的に区別されず，ただ形相的に区別される場合にも持つ」という原理が間違いである。第二に，種的本性と個体的差異との関係と，類の本性と種的種差と

の関係との相違をスコトゥス自身が強調しているからである。類と種的差異はものとも の（res et res）として区別されるが，種的本性と個体的差異はそうではないからである （前の箇所 OThII, p.162, lin.19-21 で引用された Scotus, *Ord*. II, d.3, p.1, q.6, n.188; Vaticana VII, p.484, lin.5-7；前掲拙訳，294 頁）。

73) オッカムの議論は次のように要約される。もしスコトゥスの言うように，本性が多くのものに共通であるとすれば，反対に個体的差異の段階にあるものもまた，「存在するものはソクラテスである」「動物であるものはソクラテスである」「人間であるものはソクラテスである」というように，多くの普遍的な本性に共通であることになるであろう。これは不合理である。従って，本性も共通ではない。

74) オッカムは「同一であるものどもの間の類似や一致のほうが，実在的に異なるものどもの間の類似や一致よりもより大きい」という原理を用いることによって，本性とそれを特定化する個体的差異は同一のものであるのだから，それらは両方ともより一層，それ自体によってこのものであり，数的に一であるという結論を導いている。しかし，はたしてこの原理が正しいと言えるのだろうか。なぜなら図のごとく，

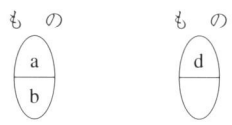

　　　　　も　の　　　　　　　も　の
　　　　　⎛ a ⎞　　　　　　　⎛　　⎞
　　　　　⎝ b ⎠　　　　　　　⎝ d ⎠

　(1) a と b が実在的に同一である．
　(2) a と d は実在的に異なる．
から常に，
　(3) a と b は，a と d よりも類似し一致する．もし a と d が或る属性を持つとしたら，
　　 a と b はより以上に，その属性を持つ．

が帰結するとは限らないからである。例えば，赤いペンと赤い本を例にとろう。ペンの赤色（a）とペンの表面（b）は同一のものであり，ペンの赤色（a）と本の赤色（d）は実在的に異なる。この場合，a と d は赤いという同じ性質を持っているのだから，a と b のほうが，a と d よりも類似し一致するとは言えない。

75, 76) 前註 74 を参照。

77) オッカムの議論は次のように解される。もしスコトゥスの言うように，「本性はそれと形相的に異なる個体的差異によって特定化される」としたら，図のごとく，

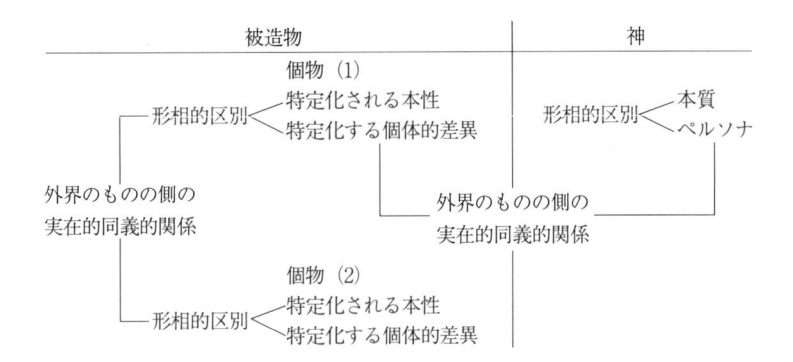

152　訳者註解

```
                    被造物                    │              神
                個物（1）
         ┌─形相的区別┬特定化される本性      │ ┌─形相的区別┬本質
         │          └特定化する個体的差異   │ │          └ペルソナ
  外界のものの側の                          外界のものの側の
  実在的同義的関係                          実在的同義的関係
         │          ┌特定化される本性
         └─形相的区別┤
                個物（2）
                    └特定化する個体的差異
```

　被造物である個物（1）と個物（2）の間に実在的な同義的関係が措定されるだけでなく，神と被造物の間にも実在的な同義的関係が措定されることになる。神においても，本質とペルソナの間に形相的区別が見出されるからである。

　しかしスコトゥスは，神と被造物との間に同（一）義的な概念が成立することを認めているが，神と被造物の間に実在的な同義的存在性（realitas）が存在することを否定している（*Ordinatio*, I, d.8, p.1, q.3, n.137; Vaticana IV, p.221, lin.16-18）。それゆえ，大前提「本性はそれと形相的に異なる個体的差異によって特定化される」は偽である。

78)　Duns Scotus, *Ord*.II, d.3, p.1, q.4, n.88; Vaticana VII, p.433, lin.8-14（前掲拙訳，254-55頁）を参照。ここでのオッカムの，スコトゥスに対する反論は正当ではない。オッカムは「本性は，それを特定化する個体的差異と<u>実在的に同一のもの（eadem realiter）</u>であるから，本性が個体的差異なしに存在することは不可能である」と述べているが，下線部の言い方は正確ではないからである。スコトゥスは「本性と個体的差異は同じものに属する（rei），形相的に別なものである」（OThII, p.163, lin.1-2）と述べていたからである。それゆえ，スコトゥスの理論においては，特定化する個体的差異なしに存在することは，本性それ自体に反することではない（Duns Scotus, *Ord*.II, d.3, p.1, q.1, n.34; Vaticana VII, p.404, lin.9-10）。

79)　これに対して，スコトゥスは次のように考えている。本質的存在性すなわち本性は，それによってこのものとなる個的存在を含んでいない。本性は，それによってソクラテスがプラトンと異なる所以のものではない。それゆえ，それによって両者が異なる個体的差異が，本性とは別に存在しなければならない。OThII, p.162, lin.3以下で引用されている『命題集註解』第2巻第3区分第1部第6問題187（Vaticana, p.483, lin.9-17；前掲拙訳，293頁）を参照。

80)　Duns Scotus, *Ord*.II, d.3, p.1, q.1, n.38, Vaticana VII, p.407, lin.20-21（前掲拙訳，234頁）を参照。

81)　p.163, lin.10-11で引用されたスコトゥスの言明は正確には，「個体的差異と本性は，ものともの（res et res）として異なるのではない」であり，より詳しく引用するならば，スコトゥスは次のように述べている。

　　ita quod quodcumque commune, et tamen determinabile, adhuc potest distingui (quantum-

cumque sit una res) in plures realitates formaliter distinctas, quarum haec formaliter non est illa: et haec est formaliter entitas singularitatis, et illa est entitas naturae formaliter. Nec possunt istae duae realitates esse res et res, sicut possunt esse realitas unde accipitur genus et realitas unde accipitur differentia (ex quibus realitas specifica accipitur),――sed semper in eodem (sive in parte sive in toto) sunt realitates eiusdem rei, formaliter distinctae.
従って，共通であるが限定されることが可能な各々のものはすべて，如何にそれが一つのもの (res) としてあるとしても，形相的に区別された複数の存在性 (realitates formaliter distinctae) へとさらに区別されうるのであって，それらの一方は形相的に他方ではなく，一方は形相的に個別の存在性であり，他方は形相的に本性の存在性である。これら二つの存在性は，そこから類が取られる存在性と，そこから種的差異が取られる存在性（或る場合には，それらから種の存在性が取られる）との場合のように，ものとものと (res et res) としてあることはできない。それらは常に――部分においてであれ，全体においてであれ――同一のもののうちにあって，同一のもの (res) に属する形相的に区別された二つの存在性 (realitates eiusdem rei, formaliter distinctae) である。(Duns Scotus, Ord.II, d.3, p.1, q.6, n.188; VaticanaVII, p484, lin.1-9；前掲拙訳，294頁)

このテキストから明らかなごとく，スコトゥスの「個体的差異と本性は，ものともの (res et res) として異なるのではない」というテーゼは，〈個体的差異と本性は，類と種差のように二つのものとものとして実在的に区別されるのではなく，一つのもの (res) に属する二つの存在性 (realitas) として形相的に区別される〉という意味である。オッカムはこのスコトゥスのテーゼを，「本性は実在的には特定化する個体的差異である」すなわち本性と個体的差異は一つのもの (res) であると言い換えることによって，スコトゥスの精妙な理論を覆い隠してしまっている。

82) OThII, p.185. オッカムによれば，「それ自体において」(de se) は，代示の対象を他に逸らすことも，縮小させることもない限定詞であるから，限定詞を伴った命題から，伴わない命題への推論〈或るものはそれ自体において中立である．ゆえに，或るものは中立である〉は妥当だからである。このオッカムの主張に対する反論に関しては，註 39, 61 を参照。

83) Tweedale (Ibid., p.824) は，「オッカムが導き出そうとする結論の大部分を私は受け入れるだろう」と述べて，ここでのオッカムの議論に賛成している。しかし私は Tweedale に同意しない。なぜなら，スコトゥスが述べているごとく (Scotus, Ord.II, d.3, p.1, q.6, n.173; Vaticana VII, p.477, lin.6-11；前掲拙訳，287-88 頁)，個体的差異と本性は現実態と可能態の関係にあり，可能態においてある本性が，現実態においてある個体的差異によって形相づけられ個体化されることによって，本性は，現実態においてある個体的差異に伴っている数的な一によって形相づけられる。かくして本性は，現実態においてある個体的差異に固有の数的な一によって，派生的に数的に一となるのである。すなわち「A の属性や特性が B に派生的に述語づけられる」のは，A と B が現実態と可能態の関係にあり，A が B を形相づけ，完成する場合である。それゆえ，A の属性や特性が B に派生的に述語づけられるからといって，その逆は成立しない。従って，「数的な一ということが派生的に本性に述語づけられ，本性が数的に一である」としても，そのこ

とから,「本性の属性であるより小さい(弱い)一ということが,派生的に個体的差異に述語づけられ,個体的差異が実在的に共通であり,より小さい(弱い)一によって一である」という結論は導き出されない。

84) 前註83での私の主張は,スコトゥスの挙げている例においても確証される。スコトゥスは,身体が派生的に「魂のあるもの」と呼ばれる例と,物体の表面が派生的に「白いもの」と呼ばれる例を挙げているが,それは魂と身体が現実態と可能態,能動と受動,形相と質料の関係にあり,魂が身体を形相づけ,完成するからである。あるいは,白色の形相が物体の表面を形相づけるからである。それゆえ,その逆は成立しない。従って,ここでのオッカムの議論は妥当とは言えない。

85) **オッカムの議論** もしスコトゥスの言うごとく,本性と個体的差異,類と種のような上位と下位のものが単に形相的にのみ区別されるとしたら,上位のものと下位のもの(動物①と馬,動物②と人間,動物③と猿)は実在的には同一のものであることになるのだから,

| 上位のもの | 動物① | 動物② | 動物③ |
| 下位のもの | 馬 | 人間 | 猿 |

「馬は動物である」,「人間は動物である」,「猿は動物である」という命題において,「動物」は同一ではなく,それぞれ別であることになるであろう。これは不都合である。それゆえ,スコトゥスの言明は誤っている。

私のコメント このオッカムの議論は誤解に基づく。なぜならTweedale (Ibid., p.828) も指摘しているごとく,スコトゥスの理論においては類と種は,本性と個体的差異の場合と異なり,ものともの (res et res) として実在的に区別されるからである。(Scotus, *Ord*.II, d.3, p.1, q.6, n.188; VaticanaVII, p.484, lin.5-7;前掲拙訳,294頁)。拙著『オッカム「大論理学」の研究』第2章,51-53頁を参照。

86) 本来は「人間の」と言うべきであろう。

87) すなわち,

natura hominis de se est hic homo(人間の本性は自体的にこの人間である)→in quocumque est natura hominis, illud est hic homo(如何なる事物において人間の本性が存在するとしても,それはこの人間である)

というスコトゥスの言明は語の表現形式に基づく誤謬を犯している。前件命題の「人間の本性」は特定代示を持つが,後件命題の「人間の本性」はその前に全称記号(「如何なる……において」)が置かれているがゆえに,一括的不特定を持つからである。他方,

natura hominis de se est hic homo(人間の本性は自体的にこの人間である)→natura hominis in quocumque est, illud est hic homo(人間の本性が如何なる事物において存在するとしても,それはこの人間である)という推論であるならば妥当である。全称記号(「如何なる……において」)が「人間の本性」の前に置かれていないから,後件命題の「人間の本性」も前件命題の「人間の本性」と同様に,特定代示を持つからである。それはちょうど,'cuiuslibet hominis asinus currit'(どの人間のロバも走る)の「ロバ」は,その前に全称記号(「どの」)が置かれているから一括的不特定代示を持ち,'asinus cuiuslibet hominis currit'(ロバは,どの人間のものであっても,走る」は

その前に全称記号が置かれていないから特定代示であるのと同様である。オッカム『大論理学』第I部71, 73章（拙訳『オッカム「大論理学」註解II』95, 108-11頁）を参照。

88) 目的語をとらない文構造を持つもの（constructio intransitiva）に関して，オッカムは次のように述べている。

> Et quando dicitur ultra quod 'esse dicit quoddam pelagus infinitae substantiae', istud debet intelligi intransitive, quod scilicet est quoddam pelagus quod est infinita substantia, non quod sit quoddam pelagus continens vel includens infinitam substantiam ……(Ockham, *Sent*.I, d.2, q.1; OThII, p.31, lin.20-23)

例えば，'pelagus infinitae substantiae'（「無限の実体の海」）という語句を，目的語をとらない構造を持つものとして解するならば，〈無限の実体である海〉という意味になる。もし，目的語をとる構造を持つものとして解するならば，〈無限の実体を含む海〉という意味になる。同様に，'natura hominis'（「人間の本性」）という語句を，目的語をとらない構造を持つものとして解するならば，〈人間である本性〉という意味になる。他方，もし目的語をとる構造を持つものとして解するならば，〈人間が持つ本性〉という意味になる。

89) すなわち，「本性には他の事物の内に在ることが矛盾する」という不定称命題は，「或る本性には他の事物の内に在ることが矛盾する」という特称命題と同値であり，「本性には他の事物の内に在ることが矛盾しない」という不定称命題は，「或る本性には他の事物の内に在ることが矛盾しない」という特称命題と同値であり，これら二つの特称命題がそれぞれ別々の本性を個体代示する場合には両方とも真である。

90) 同名異義の第三の様式の誤謬については，第III部-4 第4章（拙訳『オッカム「大論理学」註解V』創文社，2003, 192-96頁）を参照。

91) Ockham, *Sent*.I, d.3, q.6; OThII, pp.492-496.

92) ここでのオッカムの解答に関しては，拙著『オッカム「大論理学」の研究』第2章, 100-03頁を参照。

93) オッカムは第2区分第4問題において次のように述べている。

> Ex quo patet quod idem specie vel idem genere non dicuntur de aliquo quod non est individuum, sed dicuntur de ipsisment individuis, ita quod Sortes et Plato sunt idem specie, et iste homo est idem genere cum isto equo, hoc est dictu, sicut exponit Aristoteles, quod Sortes et Plato continentur sub eadem specie, et iste homo continetur sub eodem genere sub quo continetur iste equus. Et ita concedo quod aliqua est identitas minor unitate seu identitate numerali; sed talis identitas non est alicuius unversalis sed est ipsorum singularium simul sumptorum, sicut Sortes et Plato sunt unum specie.

かくして，次のことが明らかである。種における同一とか類における同一ということは，個物以外のものに関して言われる事ではなく，個物どうしについて言われる事である。それゆえ，ソクラテスとプラトンは種において同一なのであり，この人間はこの馬と類において同一なのである。すなわち，アリストテレスが説明しているごとく，ソクラテスとプラトンは同じ種のうちに含まれているのであり，この人間は，この馬が含まれるのと同じ類のうちに含まれているのである。従って私は，数的な一性ある

いは同一性よりもより小さな同一性を認める。しかしこのような同一性は，或る普遍に属するものではなく，ソクラテスとプラトンが種において一つである場合のように，一緒に解された複数の個物に属するものである。(Ockham, *Sent*.I, d.2, q.4; OThII, p.151, lin.18-p.152, lin.6)

94) 拙訳『オッカム「大論理学」註解I』第I部第17章第3反論に対する解答，及び訳者註解，普遍は心の外のものではない，註40（62頁，204-06頁）を参照。

95) Ockham, *Sent*.II, q.9; OThII, p.164, lin.9-p.166, lin.11.

96) 例えば人間が，種において異なる犬や馬やロバや猿の尺度である場合である。この場合には，複数の人間が尺度であることになる。しかし，スコトゥスがアリストテレスの『形而上学』を引用して述べている「尺度」とは，本性的により前なる原理の意味であって，腕が布の長さを測る尺度という意味での尺度とは意味が異なると考えられる。

97) 「第一の」という語句を肯定的に解するとは，〈或る一つのものが，他のものよりもより先に，……尺度である〉という意味に解することである。「第一の」をこのように解するならば，例えば人間が，種において異なる他のすべての個物の第一の尺度である場合，誰か或る人——例えばソクラテス——が，プラトンやアリストテレスよりもより先に，第一の尺度であることになる。しかし，プラトンやアリストテレスよりもソクラテスが，本性的により先に尺度であるとする理由はないのであるから，この主張は偽である。他方，「第一の」という語句を否定的に解するとは，〈それよりも先には，何も……尺度ではない〉という意味に解することである。「第一の」をこのように解するならば，ソクラテスだけでなくプラトンもアリストテレスも等しく，第一の尺度であることになり，この主張は真である。オッカム『センテンチア註解』第1巻第2区分第4問題（OThII, p.138, lin.22-p.140, lin.13）を参照。

98) オッカムの議論は次のように解される。「数的な一よりもより小さい（弱い），種における一によって比較が行なわれる」というスコトゥスの考えは誤っている。なぜなら，その場合には，すべての最下位の種において比較が行なわれることになるが，実際にはそうではないからである。オッカムによれば，比較が行なわれうるのは，同じ種に属する複数の個別的な性質（例えば白色1と白色2）が同じ基体，同じ場所に同時に存在し，一つの個物（この白いもの）を形成することが可能な場合のみである。例えば，図のごとく

この白いもの	あの白いもの
白色1 白色2 白色3	白色1 白色2

この白いものは三つの白さの部分（白色1，2，3）を有し，あの白いものは二つの白さの部分（白色1，2）を有することから，この白いものは，あの白いものよりもより白いという比較が行なわれる。Tweedale, Ibid., p.841 を参照。

99) ここでのスコトゥスとオッカムの論争に関しては，拙著『オッカム「大論理学」の研究』第2章，100-03頁を参照。

訳者註解　157

100) ここでのオッカムの解答に関しては，拙著『オッカム「大論理学」の研究』第2章，96-99頁を参照。
101) スコトゥスは『アリストテレス形而上学問題集』第5巻第11問題の中で，「関係はそれを根拠づけている基礎と実在的に同一のものではない」と主張して，次のように述べている。
　　［CONCLUSIO 6］——Relatio realis in uno est immediate, quod dicitur fudamentum; in alio quandoque mediate, quod dicitur subiectum, ……
　　［CONCLUSIO 7］——Relatio dependet ab illo in quo est, et non e converso. Ergo illud, in quo est, est prius natura; destruitur ergo ex eius destructione, et non e converso.
　　［CONCLUSIO 8］——Relatio realis non est eadem res cum fundamento, …… (Scotus, *Quaestiones super Libros Metaphysicorum Aristotelis*, Lib.V, Quaest.11, n.48-50; St. Bonaventure, N.Y. 1997, p.583)
102) 個々の事物の間に，類や種における一致という類似関係があることを，オッカムはスコトゥスと同様に認めている。Tweedale (Ibid., p.843) が述べているごとく，このような類似関係が事物の側に根拠を持つと考えている点では，オッカムはスコトゥスと同様に「実在論者」と呼ばれることもできよう。ただ，こうした類似関係を根拠づけるものが，個物 A, B 以外の第三のものである共通本性の持つ〈より小さな（弱い）一〉ではなく，個物 A, B そのものであると考えている点で，オッカムはスコトゥスと異なっている。
103) 例えば「或るものが実在的に対立する」という命題が文字通りにではなく，述語づけの表示態 (actus significatus) として，「〈或るもの〉という語に，〈実在的に対立する〉という語が述語づけられる」という意味に解する場合である。この場合，「或るもの」という語は，個体代示を持ち，外界のこの白いものやあの黒いものを代示する精神の中の概念，あるいは話された，乃至は書かれた言葉である。述語づけの遂行態と表示態に関しては，オッカム『大論理学』第I部第66章（拙訳『オッカム「大論理学」註解II』本文訳，82-85頁，及び訳者註解，代示の理論，註26, 29-32 (232-50頁) を参照。
104) OThII, p.140, lin.21-p.142, lin.12.
105) 前註97を参照。もし「第一に」を肯定的な意味で解するならば，この白さが，他の白さよりもより先に黒さに反対対立するという意味になり，命題は偽である。この白さが，あの白さよりもより先に黒さに対立ということはないからである。他方，「第一に」を否定的な意味で解するならば，この白さよりも先に黒さに反対対立するものはないという意味になり，命題は真である。この白さも，あの白さも等しく黒さに反対対立するからである。
106) 反論の趣旨は次のごとくに解される。アリストテレスは『範疇論』第11章 (14a 15-18) の中で，
　　同一のものに関して，本来反対なものどもが生じるということは明らかである。なぜなら，病気と健康とは動物の身体の内に，白さと黒さは物体の内に，正義と不正義は心の内に本来生じるものだからである。
と述べている。しかるに，この白さとこの黒さが同時に，同一の物体においてあること

はない。従って,「この白さとこの黒さが実在的に対立する」というオッカムの主張は誤りである。

　これに対してオッカムは,「反対なもの（この白さとこの黒さ）は,少なくとも連続的に代わる代わる,同一のものに存在することが可能」(p.208, lin.10-11) であり,従って,アリストテレスに反しないと答えている。

107) オッカム『アリストテレス範疇論註解』第11章§6（OPhII, pp.233-36）を参照。

108) 第1巻第3区分第1問題（OThII, pp.388-89），および第1巻第1区分第4問題（OThI, pp.436-37）を参照。知性にとって最も相応しいという意味で,知性の第一の対象であるものとは,知性によって把捉されうるすべてのものに述語づけられる,最も共通なものである。

109) すなわち,「数においてのみ相違するものはすべて,等しい仕方で相違する」ということは,同一の種に属する実体である個物の場合には真である。しかし,種において異なる個物の場合には真ではない。Tweedale, Ibid., p.852.

110) ここでのオッカムの解答に関しては,拙著『オッカム「大論理学」の研究』第2章,103-07頁の中で詳しく論じられた。

111) **スコトゥスの主張**　スコトゥスはこう考えている。例えば,ソクラテスとプラトンは,人間であることにおいて (in aliquo) 一致し類似する。それゆえ,この実在的類似関係を成立させる根拠として,ソクラテスとプラトンのほかに,これら数的に一 (unitas numeralis) なる個別的な存在とは別に,これらに共通な,より小さな（弱い）実在的な一 (unitas realis minor) である人間の共通本性が,心の外に存在していなくてはならない。

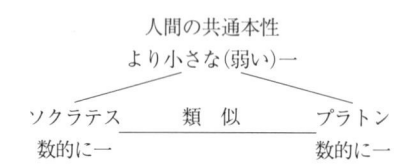

人間の共通本性
より小さな(弱い)一

ソクラテス　　類　似　　プラトン
数的に一　　　　　　　　数的に一

　オッカムの解答　スコトゥスの主張に対して,オッカムは「ソクラテスとプラトンは,彼等自身の存在とは別な,或る第三の存在において (in aliquo) 一致し類似するのではなく,彼等自身によって (se ipsis) 一致し類似しているのである」と答えている。確かに我々は,「ソクラテスとプラトンは,人間で在ること（人間という本性）において類似している」とか,「この鉛筆とあの鉛筆は,赤色で在ることにおいて類似している」とか言う。しかし,オッカムによれば,X（例えばソクラテス）とY（プラトン）の類似を,XとYとこれらとは別な第三の存在である共通性Z（例えば人間の共通本性）との間の三項関係として解すべきではない。ソクラテスとプラトンが,彼等とは別な第三の存在において類似していると考えるのはおかしい。なぜなら,ソクラテスとプラトンの存在が措定されれば,自ずと彼等の間に実在的な類似の関係が成立するからである。彼等の存在のみで充分であり,彼等以外の如何なる存在も必要ではない。ソクラテスとプラトンは,彼等自身の存在によって (se ipsis) 一致しているのである。従って,数的に一である個物の存在のほかに,それらとは別なより小さい（弱い）一の存在——共通

訳者註解　159

本性——を措定する必要はない．もちろんオッカムは，ソクラテスとプラトンが類似しており，一つのグループにまとめられることを認める．しかしオッカムによれば，このようなXとYの類似は，スコトゥスの言う「多くの個物に内在する普遍的な共通本性」によるのではなく，各々の個物（X, Y）に固有な，数的に一である個別的な性質によるのである．すなわちオッカムが否定しているのは，〈このようにXとYとの間に実在的な類似関係が成立するのは，個物XとYに内在する普遍的な，共通本性という第三の存在Zにおいてである〉というスコトゥスの主張である．オッカムによれば，それぞれの個物XとYの有する，それらに固有な数的に一なる存在のみによって，XとYの間に類似・一致の関係が成立するのであり，それ以外の如何なる存在も措定されるべきではない．拙著『オッカム「大論理学」の研究』第2章，89-96頁を参照．

112）　オッカム『大論理学』第I部第17章第2反論および，それに対するオッカムの解答（拙訳『オッカム「大論理学」註解I』本文訳60-62頁，訳者註解，普遍は心の外のものではない，註34, 39, 195-96頁, 200-03頁）を参照．

113）　本書第1巻第2区分第8問題（OThII, pp.271-81）を参照．

114）　Tweedale（Ibid., p.854）は，金のかたまりと，それから造られた指輪を例に挙げている．

115）　AがBについて，直接に，第一義的に否定される時，AとBは第一義的に相違する（primo diversa）と呼ばれる．それゆえ，ソクラテスとプラトンは第一義的に相違するものであるが，ソクラテスとこのロバは第一義的に相違するものではない．なぜなら，「ソクラテス（B）はこのロバ（A）ではない」という否定命題は直接的ではなく，〈如何なる人間（C）もこのロバ（A）ではない．ソクラテス（A）は人間（C）である．ゆえに，ソクラテス（B）はこのロバ（A）ではない〉という推論によって間接的に導かれるものだからである．従って，ソクラテスとこのロバは差異を有するもの（differentia）であるが，第一義的に相違するものではない．

116）　第1巻第8区分第4問題（OThIII, p.231, lin.15-21）．すなわち，ここでの「或るものによって差異を有する」とは，〈概念である或るものが，三段論法において，何故BがAでないのかを説明する媒概念であることによって，AとBは差異を有する〉という意味である．決して，〈Aが外界に存在する実在的な或るものを持ち，Bが持たないことによって，AとBは差異を有する〉という意味ではない．Tweedale（Ibid., p.855）を参照．

117）　すなわち，種差によってではなく，人間という種によって，この人間とこのロバは差異を有する．しかしこのことは，人間という種が個体以外に，外界の事物の側に措定されるべきだということではない．〈如何なる人間もロバではない．この人間は人間である．ゆえに，この人間はロバではない〉という推論において，「人間」という種概念によって，この人間はこのロバと差異を有するという意味である．

118）　Tweedale（Ibid., p.856）が述べているごとく，アリストテレスの文言 μὴ μόνον ἀριθμῷ ἀλλ' ἢ εἴδει ἢ γένει ἢ ἀναλογίᾳ; et non solum numero, sed specie, aut genere, aut proportione（1018a12-13）は二通りに読むことが可能である．第一は，「そのようなものは，単に数的にのみ同じであるだけでなく，種において，あるいは類において，あるいは類比において同じものである」と読む読み方である．第二は，「そのよう

160　訳者註解

なものとは，単に数的にのみ異なるだけでなく，更に種や類において，あるいは類比において異なるものである」と読む読み方である。この反論に対するオッカムの解答から考えて，彼は第二の読み方を採用していると思われる。

119)　『センテンチア註解』第1巻第8区分第3問題（OThIII, p.207, lin.10-13)

120)　こうした見解について，オッカムは本書第1巻第2区分第8問（OPhII, pp.266-92）において論じている。概念についてのオッカムの説の変遷に関しては，拙著『オッカム「大論理学」の研究』第1章，3-47頁を参照。

121)　この異論の趣旨は次のごとく解される。オッカムが述べているごとく，差異を有するものどもは，或る点で同じであり，従って，もし差異を有するものどもが，単に相違するものどもよりもより一致するとしたら，この人間とこのロバという差異を有するものの方が，この人間とあの人間という相違するものよりもより一致していることになる。これは，明らかに偽である。

122)　'in effectu'とは，①知性の内にではなく，外界の可感的な事物の内に存在するものであり，且つ②可能態においてではなく，現実態において在るものの意味である。註124で引用されるアヴィセンナ『形而上学』のテキストを参照。

123)　『大論理学』第I部第6章（拙訳『オッカム「大論理学」註解I』本文訳19頁）で述べているごとく，オッカムは「馬性」（equinitas）という抽象語を，「馬」（equus）という具象語と同義語であるとしている。それゆえ「馬性」は，「馬」と同様に，現実に存在し実在的に個物である馬を意味する。Tweedale（Ibid., p.858）を参照。

124)　アヴィセンナは『形而上学』第5巻第1章の中で，次のように述べている。

Definitio enim equinitatis est praeter definitionem universalitatis, nec universitas continetur in definitione equinitatis; equinitas etenim habet definitionem quae non eget universalitate, sed est cui accidit universalitas; unde ipsa equinitas non est aliquid nisi equinitas tantum: ipsa enim ex se nec est multa nec unum, nec est exsistens in his sensibilibus, nec in anima; nec est aliquid horum potentia vel effectu, ita ut hoc contineatur intra essentiam equinitatis, sed ex hoc quod est equinitas, sed ex hoc quod est equinitas tantum. (Avicenna, *Metaph.*, V, c.1, ed, Venise, 1495)

125)　ここでオッカムは，外界に絶対的な何性（quidditas）を認めず，第三の代示を措定することなしに済ます巧妙な方策を提示している（Tweedale, Ibid., p.859)。先ず，「馬性はそれ自身では普遍でもないし個でもない。普遍であることや個であることに対して中立である」という述語づけの遂行態を，「〈馬性〉に，〈普遍である〉や〈個である〉が中立的に述語づけられうる」という述語づけの表示態を意味するものとして理解し，この命題が外界の事物についての言明ではなく，外界の事物を表示している観念についての言明であるとし，「馬性」という語の代示の対象を，心の外から心の中の観念へと移行させる。この述語づけの表示態において，「馬性」という語は，心の中の〈馬性〉という観念を単純代示する。すなわち〈馬性〉という観念に，〈普遍である〉や〈個である〉という観念が中立的に述語づけられるということが，この命題によって意味されていることであり，このように解されるならば命題は真である。この観念〈馬性〉は，外界の個々の馬を表示する普遍観念である。この述語づけの表示態は，二つの述語づけの遂行態（1)「馬性は普遍である」，(2)「馬性は普遍である」に対応し，これらの遂行態

において，命題 (1) の「馬性」は単純代示を行ない，心の中の〈馬性〉という普遍観念を代示し，命題 (2) の「馬性」は個体代示を行ない，個々の馬を代示する。拙著『オッカム「大論理学」の研究』第 3 章，160-71 頁；拙訳『オッカム「大論理学」註解 II』訳者註解，代示の理論，註 26, 29-32 (232-34, 236-50 頁) を参照。

126) ここでのオッカムの解答に関しては，拙著『オッカム「大論理学」の研究』第 2 章，83-89 頁；拙訳『オッカム「大論理学」註解 I』訳者註解，普遍は心の外のものではない，註 38, 198-200 頁の中で詳しく論じられた。

127) ここでの議論に関しては，前掲拙著，第 2 章，83-89 頁；拙訳『オッカム「大論理学」註解 I』訳者註解，普遍は心の外のものではない，註 34, 195-96 頁の中で詳しく論じられた。

128) 拙著『オッカム「大論理学」の研究』第 2 章，103-08 頁を参照。

129) 前掲拙著，第 2 章，94-96 頁；拙訳『オッカム「大論理学」註解 I』訳者註解，普遍は心の外のものではない，註 39, 200-03 頁を参照。

130) スコトゥスは『命題集註解』第 1 巻第 8 区分第 1 部第 3 問題 82 (Vaticana IV, p190), 95 (Ibid., p.198) の中で，或る概念は神と被造物に共通であるが，しかし神と被造物は第一義的に相違しており，如何なる存在性においても神と被造物は一致しないと述べている。

131) OThII, p.161, lin.18 以下を参照。

解説　スコトゥスの二つの個体化の理論

1　スコトゥス『命題集註解』における個体化の理論

　ヨハネス・ドゥンス・スコトゥス（Johannes Duns Scotus, 1265/66-1308年）には，二つの個体化の理論が存在するように思われる。一つはスコトゥスが『命題集註解（オルディナチオ）』（Ordinatio）第2巻第3区分第1部第1問題から第6問題（*Ordinatio*, Liber Secundus, Distinctio Tertia, Pars Prima; Ioannis Duns Scoti Opera omnia. Studio et cura Commissionis Scotisticae ad fidem codicum edita, praeside Carolo Balić, t. VII, Civitas Vaticana 1973, pp.391-494）で論じている個体化の理論である[*1]。スコトゥスは同じ個体化の問題を『レクトゥーラ』第2巻（*Lectura in librum secundum Sententiarum* Distinctio Tertia, Pars Prima, Ioannis Duns Scoti Opera omnia. Studio et cura Commissionis Scotisticae ad fidem codicum edita, praeside P.Luca Modrić, t. XVIII, Civitas Vaticana 1982, pp.229-93）でも取り扱っているが，両方のテキストで論じられている個体化の理論は，ほぼ同一である。もう一つは，スコトゥスが『アリストテレス形而上学問題集』第7巻第13問題（Ioannus Duns Scotus, *Quaestiones super libros Metaphysicorum Aristotelis*, Lib. VII, Q. 13; Opera Philosophica IV, St.Bonaventure, N.Y. 1997, pp.215-80）で論じている個体化の理論である。この二つの個体化の理論は，根本的に相違している。これら二つのスコトゥスの個体化の理論の内で，オッカムが本書で取り上げているのは『命題集註解』の中で論じられている個体化の理論である。オッカムは最初にスコトゥスの見解として，『命題集註解』の中でのスコトゥスの文言をそのまま忠実に，正確に引用した上で，オッカム自身の立場から反論を加えている。

　『命題集註解』の中で論じられる個体化の理論は，次のごとくである[*2]。ソクラテスとプラトンは，ともに人間性という共通本性を持つ点では一致しているが，しかしそれぞれ別な個物（この人間とあの人間）であるという点では異なっている。ではソクラテスを，プラトンではなく，まさにソクラテスたらしめているものとは一体何であろうか。あるいは，この石がまさに或る一つの不可分な物であ

り、あ̇の̇石から区別される根拠とは，一体何であろうか。これが，スコトゥスが『命題集註解』第2巻第3区分第1部第1問題から第6問題までで論じている，個物の個体化原理の問題である。スコトゥスはまず第1問題から第5問題までにおいて，当時唱えられていた五つの個体化の理論の説を批判し，次いで第6問題において彼自身の説を展開している[*3]。第1問題で検討されているのは，「質料的実体は自らの本性によって，それ自体において個なのであり，それゆえ如何なる個体化の原理も不要である」とする唯名論者達の説である。スコトゥスはこの見解を批判して，本性はそれ自体で個であるのではなく，本性に何らかのものが付け加わることによって本性は個となるのであると主張する。第二問題で検討されるのは，「個体は，①それ自体においては分割されない，②他のものと同一ではない，という二重の否定から成立するものであり，従ってこの二重の否定が個体化の原理である」とするガン（ヘント）のヘンリクス（Henricus Gandavansis; Henricus de Gandavo 1293年没）の説である。スコトゥスはこの見解に反論して，個体化の原理は何らかの肯定的定立的なものであることを強調する。第3問題で検討されているのは，「質料的実体は，その現実態としての存在（actualis exsistentia）によって個体なのであり，従って現実存在（esse exsistentiae）が個体化の原理である」という説である。これに対してスコトゥスは，現実存在は本質存在（esse essentiae）の序列や区別を前提しており，然るに他のものの区別を前提し，それ自体は区別されても限定されてもいないものが，他のものを区別し限定する原理であることはできないと反論している。第4問題で検討されるのは，「質料的実体は量によって個体となるのであり，量が個体化の原理である」とするフォンテーヌのゴドフロウ（Godefroid de Fontaines; Godefridus de Fontibus 1250以前－1306／09年）やエギディウス・ロマヌス（Aegidius Romanus 1243頃－1316年）の説である。スコトゥスはこの見解を否定し，第一に個体あるいは個物の数的同一性という点から，第二に実体の付帯性に対する優位という点から，第三に範疇の体系という観点から，第四に量そのものの側から，付帯性は実体の個体化の根拠ではありえないことを証明している。彼等に対して，スコトゥスは次のように反論している[*4]。事物の有するこ̇の̇ものという特質は，何らかの実体的変化がない限り，生じたり失われたりすることはないのであり，それゆえ，量やその他の付帯性が個体化の原理であることはありえない。ソクラテスが，あるいはこ̇の̇石がまさに或る一つの不可分な物であり，あ̇の̇石から区別される根拠である事物の個体化の原理は，個物に本質的に内在し，実体に属する何物かでなくては

ならぬ。第5問題で検討されているのは、「質料的実体は、質料によってこのものであり個体なのであり、質料が個体化の原理である」という、通常アリストテレスに帰せられる説である。これに対してスコトゥスは、同じアリストテレスの別のテキストを引用しながら、「質料が個体化の原理である」という説はアリストテレスのものではなく、むしろアリストテレスはそのような見解を否定しようとしていることを指摘する。以上、第1問題から第5問題までにおいてスコトゥスは、当時言われていた五つの個体化の理論を検討し批判した上で、次の第6問題において彼自身の説を提示している。

　すなわちスコトゥスによれば、第1問題で述べられたごとく、事物は自らの本性（人間であること、石であること）によって個物であるのではなく、その共通本性をこのもの、この個体へと特定化する個体的差異（differentia individualis contrahens）・個的存在性（realitas individualis）が共通本性に付加されなくてはならない。この付加される個体化の原理は、第2問題で述べられたごとく、否定的な原理ではなく、肯定的に定立しうるものであり、またそれは、第4問題と第5問題で述べられたごとく、或る特定の質料（materia signata）や量といった付帯的な性質ではなく、個物に本質的に内在する実体的原理である。しかしそれは、第3問題で述べられたごとく、現実存在そのものではありえない。従ってスコトゥスの理論においては、質料的実体である個体は、種的本質を構成する共通本性と、その共通本性を個へと特定化する個体的差異・個的存在性から成ることになる。スコトゥスは、これら共通本性と個体的差異の関係について、「両者は同一のもの（res）に属する形相的に区別された二つの存在性（realitates eiusdem rei formaliter distinctae）である」と述べている[*5]。『命題集註解』におけるスコトゥスの個体化の理論の特徴は、実在的に同一のもの（res）の内に、更により原初的な区別を措定し、共通本性とそれを特定化する個体的差異との間に、実在的区別（distinctio realis）ではなく、形相的区別（distintio formalis）を立てたことである。スコトゥスは次のように述べている[*6]。

　　質料も形相も複合体も、それらの各々が本性である限りにおいては、個的存在性ではない。むしろ質料が、形相が、あるいはそれらの複合体がそれとしてあるところの存在の究極的な存在性（ultima realitas entis）こそが個的存在性なのである。従って、共通であるが限定されることが可能な各々のものはすべて、如何にそれが一つのもの（res）としてあるとしても、形相的に区別された複数の存在性（realitates formaliter distinctae）へと更に区別されう

るのであって，それらの一方は形相的に他方ではなく，一方は形相的に個別の存在性であり，他方は形相的に共通本性の存在性である。これら二つの存在性は，そこから類が取られる存在性と，そこから種的差異が取られる存在性（或る場合には，それらから種の存在性が取られる）との場合のように，ものともの（res et res）としてあることはできない。それらは常に――部分においてであれ，全体においてであれ――同一のもののうちにあって，同一のもの（res）に属する形相的に区別された二つの存在性（realitates eiusdem rei, formaliter distinctae）である。(Duns Scotus, *Ord*., II, d.3, p.1, q.6, n.188; Vaticana VII, p.483, lin.18-p.484, lin.9)

このスコトゥスのテキストから，次のことが明らかである。スコトゥスは，(一) res と res（互いに他から分離可能であり，独立して存在しうるもの）と，(二) 同一の res のうちに属している realitas と realitas（不可分であり，一方が他方なしに存在することが不可能なもの）との間に，存在のレベルの相違を設定している。(一) の res と res との間に実在的区別が成立し，(二) の realitas と realitas との間に形相的区別が成立する。

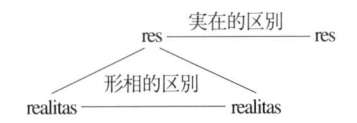

```
              実在的区別
    res ──────────── res
         形相的区別
  realitas ──────── realitas
```

共通本性の存在性と，それを特定化する個体的差異の存在性との間に，実在的区別ではなく，形相的区別が措定される理由を，スコトゥスは次のように説明している。① 実在的区別が成立するのは，例えばソクラテスとプラトンの場合のように，事物 res と事物 res の関係においてである。しかし，共通本性と個体的差異の関係は，res と res との間の関係ではなく，同一の res における二つの存在性（duae realitates）の間の関係である。共通本性は，いわば可能態が現実態によって現実化され完成されるごとくに，個体的差異によってこのものへと現実化される。スコトゥスは次のように述べている[*7]。

個体的存在性は，いわば可能態においてある種的存在性を限定する現実態のごとき位置にある。(Duns Scotus, *Ord*., II, d.3, p.1, q.6, n.180; Vativana VII, p.479, lin.20-21)

② しかし，共通本性と個体的差異との関係は，類と種差との関係とも異なる。スコトゥスは次のように述べている[*8]。

これら二つ（個体的差異と共通本性）の存在性は，そこから類が取られる存在性と，そこから種的差異が取られる存在性（或る場合には，それらから種の存在性が取られる）との場合のように，も・の・と・も・の・（res et res）としてあることはできない。(Duns Scotus, *Ord*., II, d.3, p.1, q.6, n.188; Vaticana VII, p.484, lin.5-7)

すなわち，種的差異がそこから取られる存在性と，類がそこから取られる存在性は，互いに他から分離可能であり，他から独立して存在しうるも・の・とも・の・（res et res）との関係にあり，それゆえ，それらの間には実在的区別（distinctio realis）が成立する。他方，個体的差異と本性との関係は，同一のもの（res）に属する二つの realitas と realitas との間の関係であり，それらの間には形相的区別が成立する。

[証明] もし X と Y が実在的（realiter）に異なるとしたら，X が Y なしに存在することが可能である。すなわち，両者は互いに分離可能であり，或る時に或る場所において，X が Y なしに存在することが可能である。他方，X と Y が形相的（formaliter）に異なるとしたら，両者が分離して存在することは不可能であり，X は Y なしに存在することが不可能である。しかるに，類がそこから取られる存在性（例えば動物性）は，種的差異がそこから取られる存在性（例えば理性的）なしに存在することが可能である。それゆえ，類と種差は，互いに他から分離可能であり，独立して存在しうるものどうし res absoluta と res absoluta の関係であり，両者は実在的に区別される。これに対して，個体的差異と本性は不可分に結びついており，一方が他方なしに存在することは不可能である。それゆえ，個体的差異と本性は実在的にではなく，形相的に区別される。

③ 更に，共通本性と個体的差異との関係は，形相と質料との関係とも相違する。スコトゥスは明確に，共通本性と個体的差異の複合と，形相と質料の複合を区別している。

$$\text{複合}\begin{cases}\text{形相}\\ \text{質料}\end{cases} \neq \text{複合}\begin{cases}\text{共通本性}\\ \text{個体的差異}\end{cases}$$

「もしスコトゥスの主張するように，個体的差異と本性が，現実態と可能態の関係において結び付いているとしたら，同一の個体の内に二つの複合——形相と質料の複合と，個体的差異と本性の複合——が同時に存在することになり，これは不都合である」という反論[9]に対して，スコトゥスは次のように答えている[10]。

私は次のように答える。複合は本来的には，現実態におけるも・の・（res actualis）

168　解　説

と可能態におけるもの（res potentialis）との複合として解されることができる。——あるいは，それほど本来的ではない意味においては，同一のもの（res）の内の，現実態における存在性（realitas actualis）と可能態における存在性（realitas potentialis）との複合として解されることができる。第一の意味では，個体は種的本性と比べると複合体ではない。なぜなら，個体は如何なるもの（res）も付け加えてはいないからである。——すなわち，先の議論が更に続けて述べているごとく，個体は質料を付け加えるのでも，形相を付け加えるのでも，それらの複合体を付け加えるのでもないからである。他方，第二の意味では，個体が複合体であることは必然である。なぜなら，ちょうどもの（res）ともの（res）との場合と同じように，種的差異がそこから取られるところの存在性（realitas）は，個体的差異がそこから取られるところの存在性（realitas）に対して可能態の関係にあるからである。というのも，種的存在性はそれ自体においては，個体的存在性を同一性によって含む事由となるものを有しておらず，或る第三のもの（個物）のみが，両者（種的存在性と個体的存在性）を同一性によって含むのだからである。（Scotus, *Ord*., II, d.3, p.1, q.6, n.189; Vaticana VII, p.484, lin.13-p.485, lin.4）

すなわち，スコトゥスによれば，一つの個体の内に二つの種類の複合が存在する。一つは，現実態における res absoluta（他から分離可能であり，独立して存在しうるもの）と，可能態における res absoluta の複合（compositio ex re actuali et re potentiali）である。形相と質料の結合は，この種の複合であり，それゆえ形相と質料は，実在的（realiter）に区別される。いま一つは，同一の res absoluta の内の，現実態における realitas formalis と可能態における realitas formalis の複合（compositio ex realitate et realitate actuali et potentiali in eadem re）である。本性と個体的差異の結合は，この種の複合である。それゆえ，両者は形相的（formaliter）に区別される。①②③から，実在的区別と形相的区別の相違は，図のように理解される。

スコトゥスの二つの個体化の理論　169

```
ソクラテス            実在的区別 distinctio realis          プラトン
種                                                        類
形相                    res と res の関係                  質料
res absoluta ─────────────────────────────── res absoluta
              互いに他から分離可能であり，
              独立して存在する

                    形相的区別 distinctio formalis
共通本性              同一の res のうちの，realitas formalis   個体的差異
                    と realitas formalis の関係
realitas formalis ─────────────────────── realitas formalis
              両者は不可分であり，一方が他方
              なしに存在することは不可能である
```

　更にまた共通本性は次のような特質を持つ。図のごとく，ソクラテスとプラトンは，人間性という共通本性を持ち，一つのグループにまとめられる。あるいは，ソクラテスとプラトンとこのサルは，動物性という共通本性を持ち一つのグループにまとめられる。こうした共通本性の有する一 (unitas) は，こ̇のものやあ̇の

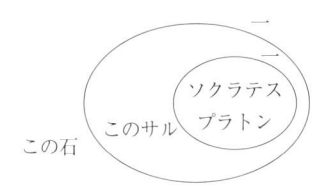

```
                        ┌─一─┐
            ╱       ╱ソクラテス╲    ╲
           ╱   このサル│プラトン│     ╲
           ╲       ╲        ╱    ╱
    この石    ╲_____╱
```

ものといった「数的な一」(unitas numeralis) とは別である。ソクラテスとプラトンとこ̇のサルとこ̇の石は，こ̇のものやあ̇のものといった数的な一において，等しく異なっている。しかし，ソクラテスとプラトンは，数的な一とは別な或る一を有する。あるいは，ソクラテスとプラトンとこ̇のサルは，数的な一とは別な或る一を有する。スコトゥスは，このような共通本性の持つ一を，数的な一よりも「より小さい（弱い）実在的な一」(unitas realis minor) と呼んでいる[11]。このような共通本性（例えば，人間の本性）は外界の実在的な世界においては，個体的差異と結びついており，こ̇のもの（ソクラテス）の内に存在している。しかし人間の本性は，それ自体においては (de se)，数的な一よりもより小さい（弱い）一を有し，こ̇のもの（ソクラテス）やあ̇のもの（プラトン）といった数的な一・個別性に対して中立 (indifferens) である。ソクラテスの内に存在している人間の本性は，それ自体においては，ソクラテスの内にのみ存在するように限定

されているわけではない。ソクラテスの代わりにプラトンの内に，あるいは別の人の内に存在すること，すなわち，多くのものの内に存在することは，人間の本性それ自体に反することではないからである。この意味でスコトゥスは，「多くのものに共通な本性が外界に存在する」と主張している*[12]。これが，『命題集註解』の中でスコトゥスによって論じられている個体化の理論であり，本書においてオッカムが批判しているのは，このようなスコトゥスの個体化の理論である。

2 スコトゥス『アリストテレス形而上学問題集』における個体化の理論

いま一つは，『アリストテレス形而上学問題集』の中で論じられている個体化の理論である。この二つの個体化の理論は，根本的に相違している。『形而上学問題集』というテキストは従来，スコトゥスの最も初期の，未だ充分に彼の思想が発展していない時期に書かれた著作と見做され，無視されてきた。このような，これまでの評価を根底から覆したのが，1997年に，聖Bonaventure大学フランシスカン研究所から出版された新しい批判版のテキスト（Ioannus Duns Scotus, *Quaestiones super libros Metaphysicorum Aristotelis*; Opera Philosophica IV, St. Bonaventure, N.Y.1997) である。新しい批判版の校訂者*[13]は，従来の評価とはまったく反対に，『形而上学問題集』第7巻第13問題は，『命題集註解』よりも後の，おそらく1300年以降に書かれたものであり，『形而上学問題集』の中で論じられている個体化の理論は，『命題集註解』の中で論じられている個体化の理論よりも後の，より発展し，より成熟した彼の後期の理論であると主張する。では何故，新しい批判版の校訂者は，個体化の理論が論じられている『形而上学問題集』第7巻第13問題を，『命題集註解』よりも後の，スコトゥスの著作と見做すのか。その根拠は，第7巻第13問題180のテキスト

> Responsionem ad hoc quaere, scilicet <u>distinctione 3, in responsione tertiae rationis principalis illius quaestionis</u>: an oportet ponere speciem intelligibilem in memoria praecedentem actum intelligendi. (Scotus, *Quaestiones super libros Metaphysicorum Aristotelis*, Lib.VII, Quaest.13, 180; Opera Philosophica IV, St.Bonaventure, N.Y.1997, p.279, lin.5-8)

の校訂にある*[14]。従来の批判版（Johannes Duns Scotus, Opera Omnia, Luke Wadding, IV, ed., Laurentius Durand, 1639, photoreprint, Hildesheim: Georg Olms

Verlagsbuchhandlung, 1968, p.710) は，この箇所についての Mauritius de Portu Hilbernico の注釈「〈第1巻第3区分での，この問いの第3の主要な議論への解答において〉という語句は付け加えであり，博士スコトゥスの元のテキストにはない。省略することが正当である。」('Responsionem ad hoc quaere, scilicet dis.3 primi' & c. illud additum est: & non est de originali Doctoris, vera enim remissio)[*15] を真と認め，下線部をスコトゥスの本文の中に入れていない。これに対して，1997年に，Bonaventura 大学フランシスカン研究所から出版された新しい批判版のテキストの校訂者は，Mauritius の主張を支持する写本が Oxford, bibl. Merton College 292 しかないことを理由に，Mauritius の注釈を否定し，下線部の語句をスコトゥスの本文の中に入れ，ここで言及されているのは，『命題集註解』第1巻第3区分第3部第1問題であるとしている。それゆえ新しい批判版のテキストの校訂者は『形而上学問題集』の中で論じられている個体化の理論を，『命題集註解』の中で論じられている理論よりも後に置き，『形而上学問題集』の中で論じられている個体化の理論は，『命題集註解』での理論よりもより発展し，より成熟したスコトゥスの後期の理論であると主張する。

3　二つの個体化の理論の比較

しかし，このような新しい批判版の校訂者達の主張に対して，筆者はいくつかの理由から疑問を持つ。新しい批判版が従来のものよりも正確であり，論点が整理され，読みやすくなったことを認めるとしても，しかし『アリストテレス形而上学問題集』の中で論じられている個体化の理論のほうが『命題集註解（オルディナチオ）』のものよりもより成熟し，より洗練された後期の個体化の理論である[*16]という校訂者達の見解が正しいと果たして言えるのであろうか。以上の筆者の疑問を詳しく述べるために，先ず両者の個体化の理論を比較することから始めたい。『命題集註解』第2巻第3区分第1部第1－6問題と，『形而上学問題集』第7巻第13問題は，その大部分が議論の形式においても，用いられている語句においても対応している。上述のごとく，『命題集註解』においてスコトゥスは，先ず当時唱えられていた五つの個体化の理論を検討し，批判した上で彼自身の説を述べている。そして第一問題では，「本性はそれ自体で個である」という見解に反対して，「共通本性の持つ一は，個別性の数的な一ではなく，数的な

一よりもより小さい（弱い）一である」と述べ，個別性の持つ数的な一よりもより小さい（弱い）実在的な一が存在することを証明している*17)。同様に『形而上学問題集』第7巻第13問題においてもスコトゥスは先ず最初に，当時唱えられていた幾つかの個体化の理論に関する見解を否認し，「本性にとって固有な，実在的な一は，数的な一よりもより小さい（弱い）一である」ことを証明している*18)。例えば，

比較（一）『アリストテレス形而上学問題集』第7巻第13問題 61

  Et sic videtur quod natura non est haec de se, quia cuiuscumque propria unitas realis est minor unitate numerali, illud non est de se unum unitate numerali, sive non est sufficiens causa talis unitatis, sive non est de hoc. Sed naturae in isto propria unitas realis est minor unitate numerali. Ergo natura in isto de se non est haec. ——Probatur maior: quia nihil est de se unum unitate maiori sua propria① unitate. Quia cum unitate minori sine contradictione potest stare multitudo opposita unitate maiori, quae multitudo non potest stare cum unitate maiori②. —— Probatio minoris: quia si nulla unitas realis naturae est minor haecitate③, nec unitas realis suppositi est minor. Patet: nulla erit realis unitas minor etc. Consequens falsum, quia tunc omnis unitas realis erit numeralis; quod improbatur postea.

  本性はそれ自体においてはこのものではないと考えられる。それにとって固有で実在的な一が，数的な一よりもより小さい（弱い）一であるものは，それが何であろうと，それ自体で数的な一によって一であることはないし，あるいは，このような数的な一性の充分な原因であることもないし，それ自体でこのものであることもない。しかるに，この石の中の本性にとって固有な，実在的な一は，数的な一よりも小さい（弱い）一である。従って，この石の中の本性は，それ自体においてはこのものではない。——大前提は次のように証明される。何物も自らに固有①一よりも，より大きな（強い）一性によって〈一〉であることはない。より小さな（弱い）一は矛盾することなく，より大きな（強い）一に対立する多と両立可能である。しかし多はより大きな（強い）一と両立可能ではない②。——小前提の証明。もし本性の持つ〈実在的な一〉がこのもの性（haecitas）③よりも小さい（弱い）ものではなく，基体の持つ実在的な一がより小さい（弱い）ものでないとしたら，数的な一よりもより小さい（弱い）実在的な一は存在しないことになるであろうことは明らかである。しかしこの結論は誤りである。なぜならその場合

には，すべての実在的な一が数的なものになってしまうからである。このことは，後で論駁されるであろう。

(Scotus, *Quaestiones super libros Metaphysicorum Aristotelis*, Lib.VII, Quaest.13, 61; Opera Philosophica IV, St.Bonaventure, N.Y.1997, p.239, lin.8‐p.240, lin.4)

『命題集註解（オルディナチオ）』第2巻第3区分第1部第1問題8―10*[19]

8 Praeterea, cuiuscumque unitas realis, propria et sufficiens, est minor unitate numerali, ilud non est de se unum unitate numerali (sive non est de se hoc); sed naturae exsistente in isto lapide, est unitas propria, realis sive sufficiens, minor unitate numerali; igitur etc.

9 Maior de se patet, quia nihil est de se 'unum' unitate maiore unitate sibi sufficiente[1]: nam si propria unitas――quae debetur alicui de se――si minor unitate numerali, numeralis unitas non convenit sibi ex natura sua et secundum se (aliter praecise ex natura sua haberet maiorem et minorem unitatem, quae circa idem et secundum idem sunt opposite,――quia cum unitate minore sine contradictione potest stare multitudo opposite maiori unitate, quae multitudo non potest stare cum unitate maiore[2], quia sibi repugnant; igitur etc.).

10 Probatio minoris: quia si nulla est 'unitas realis' naturae, minor singularitate[3], et omnis unitas 'alia ab unitate singularitatis et naturae specificae' est minor unitate reali,――igitur nulla erit 'unitas realis' minor unitate numerali; consequens falsum, sicut probatio quinque vel sex viis; igitur etc.

8 それにとって固有で充分な実在的な一が，数的な一よりもより小さい（弱い）一であるものは，それが何であろうと，それ自体で数的な一によって一であることはないし，（あるいは，それ自体でこ・の・も・の・であることもない）。しかるに，この石の中に存在している本性にとって固有な，実在的で充分な一は，数的な一よりも小さい（弱い）一である。従って云々。

9 大前提はそれ自体からして明白である。何物もそれ自体で，自らにとって充分[1]な一よりも，より大きな（強い）一性によって〈一〉であることはない。なぜなら，もし固有な一性――すなわち或るものそれ自体に帰属されるべき一性――が，数的な一よりも小さい（弱い）とするならば，数的な一が或るものに，その本性に基づいて自体的に適合することはないからである。（さもなくば，或るものはまさに本性的に，より大きな（強い）一とより小さな（弱い）一の両方を持つことになるが，しかしこれらの一は，同じもの

に関して，同じ点において相対立するものである。——より小さな（弱い）一は矛盾することなく，より大きな（強い）一に対立する多と両立可能である。しかし多は，より大きな（強い）一と反対なものであるがゆえに，より大きな（強い）一と両立可能ではない②。従って云々。

10　小前提の証明。もし本性の持つ〈実在的な一〉が個体性（singularitas）③よりも小さい（弱い）ものではなく，そして〈個体性の一や種的本性の一以外の〉他の一はすべて，実在的な一よりもより小さい（弱い）とするならば，数的な一よりも小さい（弱い）実在的な一は存在しないことになるであろう。しかし，この結論は偽である。このことを私は，五つあるいは六つの方法で論証する。従って，云々。(Scotus, *Ord*., II, d.3, p.1, q.1, n.8-10; Vaticana VII, p.395, lin.1-19）

これら『形而上学問題集』第7巻第13問題61のテキストと，『命題集註解』第2巻第3区分第1部第1問題8-10は対応しており，ほぼ同一の語句で，同じ内容のことが述べられている。ただし，次の点で両者は相違している。

(1)下線部①の箇所が，『命題集註解』では，「自らにとって充分な一よりも」（unitate sibi sufficiente）となっているのに対して，『形而上学問題集』においては「自らに固有な一」（sua propria unitate）となっている。『形而上学問題集』の方がより厳密な表現である。

(2)しかし下線部②の箇所での，『形而上学問題集』の大前提の証明そのものは不十分であり，『命題集註解』第2巻第3区分第1部第1問題9のほうが詳しい。

(3)下線部③の箇所が，『命題集註解』では，「もし本性の持つ〈実在的な一〉が個体性よりも小さい（弱い）ものではなく，」（si nulla est 'unitas realis' naturae, minor singularitate）となっているが，『形而上学問題集』では「もし本性の持つ〈実在的な一〉がこのもの性よりも小さい（弱い）ものではなく，基体の持つ実在的な一がより小さい（弱い）ものでないとしたら，」（si nulla unitas realis naturae est minor haecitate, nec unitas realis suppositi est minor）と変更され，「個体性」（singularitas）が「このもの性」（haecitas）に改められている。更に本性が，個体的形相（forma individualis）を受け取ることから，「基体」と呼ばれている。ここにおいてスコトゥスが，「このもの性」（haecitas）という語を『形而上学問題集』において用いていることは注目に値する。この語は，『命題集註解』や『レクトゥーラ』の個体化の理論の中では一度も使用されていない。Stephen D.Dumontによれば[*20]，スコトゥスは「個体性」を「このもの性」へと置き換えたのであ

比較（二）『アリストテレス形而上学問題集』第7巻第13問題 62―64

62　Respondetur ad probationem minoris quod aliqua unitas realis est minor, sed nec propria naturae nec suppositi.

63　Contra: sicut unum convertitur cum ente, ita omnis modus unius cum aliquo gradu entis[①] cui est proprius ille modus. ――Item, loco de 'propria' ponatur 'sufficiens', et tantum valet argumentum. Probatur enim quod aliqua est minor unitas realis unitate numerali qua natura sufficienter est una, ita quod ipsa praecise non sit causa maioris unitatis.

64　Vel probetur sic minor: omne ens reale, secundum quod tale, habet unitatem aliquam realem. Quia licet albedo secundum se non sit una numero vel plura ――secundum AVICENNAM, V *Metaphysicae*[②]――, nec unitas sit intra quiditatem, tamen albedo secundum se est unum aliquid. Sed natura, secundum quod natura, est vere ens reale. Ergo est unum aliqua unitate reali; non unitate individuali, quia tunc omnis unitas realis esset numeralis, quia tam illa quae est naturae quam illa quae est suppositi.

62　この小前提の証明に対して、「或る実在的な一は、数的な一よりもより小さい（弱い）ものであるが、そのような一は本性に固有なものでも、基体の持つ固有な一でもない」と答えられるとしたら、

63　私は次のように反論する。一と存在が置換されるのと同様に、一性のあらゆる様態（modus unius）は、その様態が固有である存在の濃度（gradus entis）[①]と置換される。――同じくまた、「固有な」という語の代わりに「充分な」という語が置かれるならば、それだけで（62）の議論は妥当となる。なぜならその場合には、「それによって本性が充分な仕方で〈一〉である数的な一性よりも、より小さい（弱い）実在的な一性があり、本性そのものは、まさにより大きな（強い）一性の原因ではない」ということが、その議論で証明されたことになるだろうからである。

64　あるいは小前提〔本性にとって固有な、実在的な一は、数的な一よりも小さい（弱い）一である〕は、次のように証明されうる。すべての実在的に存在するものは、そのようなものである限りにおいて、何らかの実在的な一

を持つ。例えば——アヴィセンナ『形而上学』第5巻によれば[2]——白さは，それ自体では数において一でもなく多でもなく，また一性が，何であるかという本質の内に含まれるという仕方で一であることもない。しかしそれにもかかわらず，白さはそれ自体で何らかの一である。しかるに本性は，本性である限りにおいて，真に実在的に存在するものである。それゆえ本性は，或る実在的な一性によって一である。しかし，個体の一性によって一なのではない。なぜならその場合には，本性の持つ一も，基体の持つ一も，すべての実在的な一が，数的な一になってしまうからである。(Scotus, *Quaestiones super libros Metaphysicorum Aristotelis*, Lib.VII, Quaest.13, 62-64; Opera Philosophica IV, St.Bonaventure, N.Y.1997, p.240, lin.5-20)

『命題集註解（オルディナチオ）』第2巻第3区分第1部第1問題 30—31[*21)]

30 ……aliqua est unitas in re realis absque omni operatione intellectus, minor unitate numerali sive unitate propria singularis, quae 'unitas' est naturae secundum se. —— et secundum istam 'unitatem propriam' naturae ut natura est, natura est indifferens ad unitatem singularitatis; non igitur est de se sic illa una, scilicet unitate singularitatis.

31 Qualiter autem hoc debeat intelligi, potest aliqualiter videri per dictum Avicennae V *Metaphysicae*[2], ubi vult quod 'equinitas sit tantum equinitas, —— nec est de se una nec plures, nec universalis nec particularis'. Intelligo: non est 'ex se una' unitate numerali, nec 'plures' pluralitate opposite illi unitati; nec 'universalis' actu est (eo modo scilicet quo aliquid est universale ut est obiectum intellectus), nec est 'particularis' de se.

30 知性のあらゆる働きとは無関係に，事物のうちに，数的な一すなわち個物に固有な一よりもより小さい（弱い），或る実在的な一が存在する。この〈一〉は自体的に本性に属する一であり，——この，本性としてある限りでの本性に〈固有な一〉にもとづいて，本性は個別性の一に対して中立である。それゆえ本性は，それ自体においては，かの一，すなわち個別性の一によって一なのではない。

31 ところで，こうしたことがどのように理解されるべきかは，アヴィセンナの『形而上学』第5巻[2]の記述によって或る程度看取されうる。そこで彼は次のごとく主張する。「馬性」(equinitas) は単なる馬性である。——それ自身では一でもないし多でもないし，普遍でもないし個でもない」。私はこ

れを次のように理解する。「それ自身では一ではない」とは，数的な一としての一ではないという意味である。「多ではない」とは，その数的な一に対立する多ではないという意味である。「普遍でもない」とは，現実態における普遍（すなわち，或るものが知性認識された対象として普遍であるごとき仕方での普遍）ではないという意味である。「個でもない」とは，それ自身では個ではないという意味である。(Scotus, Ord., II, d.3, p.1, q.1, n.30-31; Vaticana VII, p.402, lin.11-p.403, lin.5)

これらのテキストのうち，『形而上学問題集』第7巻第13問題64と，『命題集註解』第2巻第3区分第1部第1問題30-31は対応している。すなわち『命題集註解』の下線部②の箇所においては，アヴィセンナの『形而上学』第5巻からの引用として，「馬性は単なる馬性である」という馬性の格率が引用され，〈共通本性は個別性の一に対して中立（indifferens）であり，本性はそれ自体においては数的に一でも，多でもない〉[*22)]というスコトゥスの基本的なテーゼが述べられている。『形而上学問題集』の下線部②の箇所においても，例が馬性ではなく，白さという本性に変えられているけれども，同じアヴィセンナの格率が引用され，同じテーゼが述べられている。しかし『形而上学問題集』第7巻第13問題62-63のテキストは，『命題集註解』に対応していない。下線部①の「存在の濃度」(gradus entis)は，『命題集註解』には見出されず，『形而上学問題集』において，はじめてスコトゥスによって用いられる語である。『形而上学問題集』でのスコトゥスは，事物の個体化を存在の濃度として捉えている。「個体は上位のものの何性・本性を総て含み，これに加えて，最終的現実態の濃度（gardus ultimae actualitatis），一性の濃度をも含んでいる。個体化によって一性が低減するのではなく，個体化はその存在性や一性，従ってその可知性を増す。上述の濃度(gradus)以外には，普遍が含んでいないものを，個体が含むということはない」[*23)]。『形而上学問題集』でのスコトゥスによれば，白色が濃度のより強い白さと，濃度のより薄い弱い白さとに区分されるごとく，存在も，存在の濃度の最高度に強いこのもの性（個体性）と，存在の濃度のより弱い共通本性とに区分され，そうした存在の濃度と，一性のさまざまな様態が対応する。

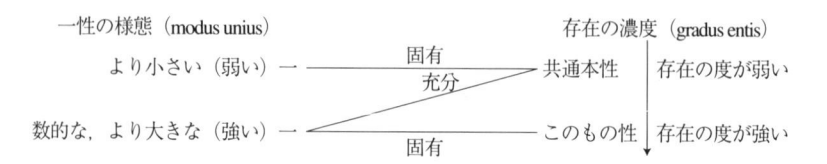

```
一性の様態（modus unius）                          存在の濃度（gradus entis）
  より小さい（弱い）―――固有―――→共通本性  │存在の度が弱い
                        充分                        │
  数的な，より大きな（強い）―――――このもの性  │存在の度が強い
                        固有
```

そして，「個物においては，共通本性と個別的な存在の濃度が融合的に内含（continentia unitiva）されている」とスコトゥスは説明している[*24]。

　以上の，『形而上学問題集』の中で論じられている個体化の理論と，『命題集註解』の中で論じられている個体化の理論との比較（一）（二）から，次のことが明らかである。スコトゥスは『形而上学問題集』において，『命題集註解』では使われていない「このもの性」（haecitas）「存在の濃度」（gradus entis）「融合的内含」（continentia unitiva）という語を用い，個体化について，『命題集註解』とは異なった新しい説明を試みているように見える。この限りでは，『形而上学問題集』の中で論じられている個体化の理論のほうが『命題集註解』のものよりもより成熟し，より洗練された後期の個体化の理論であるという，新しい批判版の校訂者達の見解は極めて説得的である。

4　スコトゥスは形相的区別を放棄したのか

　しかし，それにもかかわらず筆者は，新しい批判版の校訂者達の見解に二つの理由で疑問を持つ。一つは，『アリストテレス形而上学問題集』の中で論じられている個体化の理論には，res absoluta と realitas formalis との間に存在のレベルの相違を設けるという，第一節で述べた『命題集註解（オルディナチオ）』の個体化の理論の中心部分が欠けているという点である。従って，もし『形而上学問題集』の中で論じられている個体化の理論のほうが『命題集註解』のものよりもより発展し，より洗練され，より成熟した後期の個体化の理論であるという，新しい批判版の校訂者や Stephen D.Dumont[*25]達の見解が正しいとするならば，スコトゥスは後期の個体化の理論において「形相的区別」を放棄したことになるであろう。しかし，res absoluta と realitas formalis との間の存在のレベルの相違という個体化の理論の最も肝要な部分が欠落している『形而上学問題集』の理論のほうが，『命題集註解』の中での理論よりもより発展し，より成熟した理論であ

るとは，私には思われない。もし『形而上学問題集』の中での，res absoluta と realitas formalis との間の存在のレベルの相違というアイディアを欠き，形相的区別を捨てた個体化の理論のほうが，『命題集註解』の中での個体化の理論よりもより発展し，より洗練され，より成熟した理論であると彼等が主張するのなら，彼等は（1）何故スコトゥスは res absoluta と realitas formalis との間に存在のレベルの相違を設けることや形相的区別を捨てたのか，その理由を明確にすべきである。更に，（2）『形而上学問題集』の中の個体化の理論が，res absoluta と realitas formalis との間の存在のレベルの相違，形相的区別の代わりに，どのような，より発展し，より成熟した理論を備えているのかを明確にすべきである。しかし，新しい批判版の校訂者や Stephen D. Dumont が，これらの要求に充分に答えているとは思えない。以下，『命題集註解』と『形而上学問題集』のテキストを具体的に挙げることによって，私の論点を詳しく論ずることにしたい。

テキスト①『アリストテレス形而上学問題集』第7巻第13問題 84

 84 Ex his potest concludi quod natura est haec <u>per substantiam aliquam quae est forma</u>; et prior hic lapis, et <u>per formam individualem</u> distinguitur ab alio individuo.
 84 以上から，次のことが結論されることができる。本性は<u>形相である或る実体によって</u>このものである。この石はより前であり，<u>個体的形相によって</u>他の個体から区別される。（Scotus, *Quaestiones super libros Metaphysicorum Aristotelis*, Lib. VII, Quaest.13, 84; Opera Philosophica IV, St. Bonaventure, N.Y. 1997, p.246, lin.13-15）

このテキストは，我々に疑念を抱かせる。なぜなら，第三節で述べたごとく『形而上学問題集』第7巻第13問題は，『命題集註解』第2巻第3区分第1部第1-6問題の議論とほぼ一致しており，その大部分が議論の内容においても，議論の形式においても，用いられている語句においても対応している。それにもかかわらずスコトゥスはこのテキストにおいて，何の理由の説明もなしに，『命題集註解』での議論と全く反対のことを結論として述べているからである。すなわち，この『形而上学問題集』のテキストでは，個体化の原理が個体的形相であると言われている。しかし『命題集註解』におけるスコトゥスは，「個体化の原理である個的存在が形相である」ことを繰り返し否定していた。先に第一節で引用した『命題集註解』のテキスト[*26)]では，スコトゥスは次のように述べている。

 <u>Non</u> est igitur 'ista entitas' materia vel <u>forma</u> vel compositum, in quantum quodlibet istorum est 'natura', ——sed est <u>ultima realitas entis</u> quod est materia

vel quod est forma vel quod est compositum; ……

質料も形相も複合体も，それらの各々が本性である限りにおいては，<u>個的存在性ではない</u>。——むしろ質料が，形相が，あるいはそれらの複合体がそれとしてあるところの存在の<u>究極的な存在性</u>（ultima realitas entis）こそが個的存在性なのである。(Duns Scotus, Ord., II, d.3, p.1, q.6, n.188; Vaticana VII, p.483, lin.18‐p.484, lin.1)

『命題集註解』と『形而上学問題集』との間の同様の相違は，次のテキストにも見出される。

『命題集註解（オルディナチオ）』における個体化の理論

dico quod compositio potest intelligi proprie, prout est ex re actuali et re potentiali, ——vel minus proprie, prout est ex realitate et realitate actuali et potentiali in eadem re. Primo modo non est individuum compositum respectu naturae specificae, quia nullam rem* addit, ——quia neque materiam neque formam neque compositum, sicut procedit argumentum. Secundo modo est necessario compositum, quia illa realitas a qua accipitur differentia specifica, potentialis est respectu illius realitatis a qua accipitur differentia individualis, sicut si essent res et res; ……

＊ヴァティカン版では nullam realitatem となっているが，或る写本に従い nullam rem と読む。

私は次のように答える。複合は本来的には，現実態における<u>もの</u>（res actualis）と可能態における<u>もの</u>（res potentialis）との複合として解されることができる。——あるいは，それほど本来的ではない意味においては，同一の<u>もの</u>（res）の内の，現実態における存在性（realitas actualis）と可能態における存在性（realitas potentialis）との複合として解されることができる。第一の意味では，個体は種的本性と比べると複合体ではない。なぜなら，個体は如何なる<u>もの</u>（res）も付け加えてはいないからである。——すなわち，先の議論が更に続けて述べているごとく，個体は質料を付け加えるのでも，<u>形相を付け加えるのでも</u>，それらの複合体を付け加えるのでもないからである。他方，第二の意味では，個体が複合体であることは必然である。なぜなら，ちょうど<u>もの</u>（res）と<u>もの</u>（res）との場合と同じように，種的差異がそこから取られるところの存在性（realitas）は，個体的差異がそこから取られるところの存在性（realitas）に対して可能態の関係にあるからである。(Scotus, Ord., II, d.3, p.1, q.6, n.189; Vaticana VII, p.484, lin.13‐p.485, lin.2)[*27]

『形而上学問題集』における個体化の理論

  Sed natura, quam ego pono, determinatur ad unitatem numeralem <u>per formam individualem</u>,……

  私が措定する本性は，<u>個体的形相によって数的な一へと限定される</u>。……
  （Scotus, *Quaestiones super libros Metaphysicorum Aristotelis*, Lib.VII, Quaest.13, 109; Opera Philosophica IV, St. Bonaventure, N.Y. 1997, p.255, lin.7-8）

  sicut nullum simplex potest esse species alicuius specie, sic nec aliquid omnino est particulare contentum sub specie, quia individuum habet compositum speciei, et <u>formam individualem</u> ultra. Unde breviter dico quod omnis forma, quae est species alicuius generis, est composita ex potentiali aliquo et actu; et omnis talis est haec <u>per formam individualem</u>.

  或る類に属する種が単一でありえないのと同様に，種の内に含まれる個物も決して単一ではない。なぜなら個体は，種的本性と更に<u>個体的形相</u>との複合だからである。それゆえ，私は簡潔に次のように述べる。或る類の種である形相はすべて，或る可能態におけるものと現実態におけるものの複合であり，このようなものはすべて，<u>個体的形相</u>によってこのものである。（Scotus, *Quaestiones super libros Metaphysicorum Aristotelis*, Lib.VII, Quaest.13, 113; Opera Philosophica IV, p.256, lin.8-13）

すなわち第一節で述べたごとく，『命題集註解』における個体化の理論によれば，一つの個体の内に二つの種類の複合が存在する。一つは，現実態におけるもの res absoluta（他から分離可能な，独立して存在しうるもの）と，可能態におけるもの res absoluta の複合（compositio ex re actuali et re potentiali）である。いま一つは，同一のもの res absoluta の内の，現実態における存在性 realitas formalis と可能態における存在性 realitas formalis の複合（compositio ex realitate et realitate actuali et potentiali in eadem re）である。『命題集註解』におけるスコトゥスは，res absoluta と realitas formalis との間に存在のレベルの相違を設定し，本性と個体的差異との結合を，第二の意味での複合——現実態における存在性 realitas formalis と可能態における存在性 realitas formalis の複合——であるとしている。他方，『形而上学問題集』における個体化の理論においては，個体は，可能態における本性と現実態における個体的形相の複合であるとされている。両者の個体論の相違は個体化の原理を，一方が存在性（realitas）である「個体的差異」（differentia individualis）と呼び，他方が「個体的形相」（forma individualis）と呼んでいるという単なる用

語の相違ではない。なぜなら，第一節の③で述べたごとく，『命題集註解』によれば，形相は存在性（realitas formalis）ではなく，もの（res）だからである。それゆえ『形而上学問題集』における個体化の理論が，個体化の原理を「個体的形相」と呼んでいることは，スコトゥスが res absoluta と realitas formalis との間の存在のレベルの相違を捨て，形相的区別を放棄したことを意味する。

テキスト②『アリストテレス形而上学問題集』第7巻第13問題87

<u>forma individualis</u> superaddita naturae speciei non facit differetiam specificam sed numeralem solum.

種の本性に付け加えられた<u>個体的形相</u>は，種における相違を生じさせるのではなく，数における相違のみを生じさせる。（Scotus, *Quaestiones super libros Metaphysicorum Aristotelis*, Lib.VII, Quaest.13, 87; Opera Philosophica IV, St. Bonaventure, N.Y. 1997, p.247, lin.15-16）

この『形而上学問題集』のテキストにおいても，個体化の原理が「個体的形相」であると述べられている。しかし『命題集註解』においては，スコトゥスは個体化の原理を「形相」と呼ぶことを意識的に拒否していたはずである。『命題集註解』第2巻第3区分第1部第6問題180で，スコトゥスは次のように述べている。

Quoad hoc ista realitas individui est similes realitati specificae, quia est quasi actus, determinans illam realitatem speciei quasi possibilem et potentialem, —— sed quoad hoc dissimilis, quia <u>ista numquam sumitur a forma addita, sed praecise ab ultima realitate formae.</u>

この点において，個的存在性は種的存在性に類似している。個的存在性は，いわば可能態においてある種的存在性を限定する現実態のごとき位置にあるのだからである。――しかし，次の点で類似していない。<u>個的存在性は，付け加えられた形相から取られるのではなく，まさに形相の究極的存在性から取られるのだからである。</u>（Scotus, *Ord*., II, d.3, p.1, q.6, n.180; Vaticana VII, p.479, lin.19-23）*[28]

では何故，『命題集註解』において，「個的存在性は形相ではなく，形相の究極的存在性（ultima realitas formae）から取られる」とスコトゥスは述べているのか。スコトゥスは他の箇所*[29]で，次のような説明をしている。例えばこの白さという形相において，同一の白さという形相の内に完全性の相違が見出され，複数の存在性（realitas formalis）が存在する。それらの一つはそこから「色」という類の概念が取り出される存在性であり，もう一つはそこから種差の概念が取り出さ

れる存在性である。種差の存在性は類の存在性に対して，現実態が可能態に対するごとき関係にあり，種差の存在性が類の存在性を限定し，完成する。『命題集註解』におけるスコトゥスによれば，このような完成の究極が個的存在性であり，そこからは，それ以上単純化不可能（simpliciter simplex）な概念のみが取り出される。こうした個的存在性は，可能態においてある種的存在性を限定し，完成する現実態の位置にある。こうした発想は，個体化の理論だけでなく，スコトゥスの哲学全体に共通な思想である[*30]。

テキスト③『アリストテレス形而上学問題集』第7巻第13問題97

> nec est inconveniens quod natura specifica sit in potentia ad formam individualem, et ex hac et illa fit unum.……Unde 'quod quid est' speciei est idem cum specie simpliciter, sed non est idem cum individuo, sed quodammodo pars eius, cum individuum addat supra eam formam individualem, ut dictum est.
> 種的本性が個体的形相に対して可能態においてあり，この（種的本性）とあれ（個体的形相）とから一つの事物が生ずることは何ら不適切ではない。……それゆえ，種の何であるか・その本質は無条件に種と同一であるが，個物と同一ではなく，或る意味で個物の部分である。上述のごとく，個物は種に個体的形相を付け加えるのだからである。（Scotus, *Quaestiones super libros Metaphysicorum Aristotelis*, Lib.VII, Quaest.13, 97; Opera Philosophica IV, St. Bonaventure, N.Y. 1997, p.251, lin.4-16）

この『形而上学問題集』のテキストには，『命題集註解』第2巻第3区分第1部第6問題206が対応している。

> in conceptis autem cum materia (hoc est cum entitate individuali contrahente quiditatem), non est idem primo quod-quid-est et illud cuius est, quia sit conceptum primum non haberet quod-quid-est ex se sed tantum per partem, scilicet per naturam quae contrahitur per illam entitatem individualem.
> 質料と結びついている（すなわち何であるかという本質を個へと特定化する個的存在性 entitas individualis を伴っている）事物においては，その何であるか・本質と，それが属している事物は第一義的に同一ではない。なぜなら，このように第一に質料と結びついている事物は自らによって，何であるかという本質を有するのではなく，その部分すなわち個的存在性（entitas individualis）により個へと特定化された本性によってのみ何であるかという本質を有するのだからである。（Scotus, *Ord*., II, d.3, p.1, q.6, n.206; Vaticana VII,

p.492, lin.15-19)[*31]

これら二つのテキストは内容において一致している。すなわち，両方のテキストにおいても，「個物はその本質と同一ではない。本質は個物の部分であり，個物は種の本質に，それを特定化しこのものたらしめる個体化の原理が付け加えられたものである」ことが述べられている。しかし，こうした個体化の原理が『命題集註解』においては「個体的な存在性」(entitas individualis) であるとされ，『形而上学問題集』においては「個体的形相」すなわちもの (res) であるとされている点で相違している。

以上のテキストから，『形而上学問題集』の中で論じられている個体化の理論が，res absoluta（もの）と realitas vel entitas formalis（存在性）との間の存在のレベルの相違，形相的区別を欠いている理論であることは明らかである。それゆえ先にも述べたごとく，もしこうした個体化の理論が，『命題集註解』の中での個体化の理論よりもより発展し，より洗練され，より成熟した理論であると新しい批判版の校訂者が主張するのなら，彼等は (1) 何故スコトゥスが res absoluta と realita formalis との間に存在のレベルの相違を設けることや形相的区別を捨て，個体化の原理を「形相の究極的存在性」ではなく，単に「個体的形相」と呼んだのか，その理由を明確にすべきである。更に，(2)『形而上学問題集』の中の個体化の理論が，形相的区別の代わりに，どのようなより発展した理論を備えているのかを明確にすべきである。スコトゥス自身は『形而上学問題集』の中で，これらの点に関して何も述べていない。Stephen D.Dumont は，『形而上学問題集』で用いられている「個体的形相」(forma individualis) という語が，アヴェロエスの影響を受けた，ボナヴェントゥラによって言及されている古い理論の中に見出されることを指摘しているが[*32]，それだけでは充分ではない。

筆者が，『形而上学問題集』の中で論じられている個体化の理論のほうが『命題集註解』のものよりもより発展した後期の個体化の理論であるという，新しい批判版の校訂者の主張に疑問を持つ，第二の理由は，本書で論じられている，スコトゥスの個体化の理論に対するオッカムの批判に基づく。本書『センテンチア註解』第1巻第2区分第6問題においてオッカムは先ず，「私は，彼（スコトゥス）がさまざまな箇所でばらばらに語っている見解全体を明確に，彼がさまざまな箇所で語った言葉通りに，変更を加えることなく，述べたいと思う」(4-5頁) と前置きした上で，**スコトゥスの見解 Opinio Scoti** (4-15頁)，**スコトゥスの主要な結論のための論証 Argumentum pro conclusione principali Scoti**（16-

27頁）の各節において，スコトゥスの文言をそのまま忠実に，正確に引用している。しかし，そこでオッカムが引用している文言はすべて，『命題集註解』第2巻第3区分第1部第1-6問題からのものである。そしてオッカムは次の**スコトゥスの見解に対する反論** Contra Opinionem Scoti で，スコトゥスの個体化の理論に対する反論を行なっているが，その第一批判は，スコトゥスの形相的区別に対する批判である（28-35頁）。このことは，本書『センテンチア註解』第1巻第2区分第6問題を書いた時（1321-23年頃），オッカムは，①『命題集註解』の中で論じられている理論がスコトゥスの代表的な個体化の理論であると考えており，②スコトゥスが後期になって形相的区別を放棄したという認識をオッカムは持っていなかったことを意味する。スコトゥスは『命題集註解』から『形而上学問題集』への移行において，形相的区別を放棄したのに，オッカムはそれを知らなかったのか。それは，ありそうにない。なぜなら，(1) 新しい批判版の校訂者の一人である Timothy B. Noone[33]が主張しているごとく，『命題集註解』が1290年代に書かれ，『形而上学問題集』の個体化の理論がその後，1304-05年頃に書かれたとするならば，オッカムが本書『センテンチア註解』第1巻第2区分第6問題を書いたのが1321-23年頃であるのだから，スコトゥスの『形而上学問題集』とオッカムの『センテンチア註解』の間は17-18年しか隔たっていない。(2) オッカムはスコトゥスの長いテキストを，そのまま正確に引用している。オッカムとスコトゥスが同じフランシスコ修道会に属していたことから考えても，オッカムはスコトゥスのテキストを充分に知っていたと考えられる。もしスコトゥスが『命題集註解』の後に『形而上学問題集』を書き，そこにおいて自己の思想を発展させて形相的区別を放棄したのであれば，オッカムは当然そのことを知っていたはずである。以上が，新しい批判版の校訂者の主張に対して私が疑問を持つ第二の理由である。今後の，更なる研究が俟たれる。

註

1) 拙訳，ヨハネス・ドゥンス・スコトゥス『命題集註解（オルディナチオ）』第2巻，中世思想原典集成18，後期スコラ哲学，平凡社，217-303頁を参照。オッカムは先ず，

186　註

本書スコトゥスの見解，スコトゥスの主要な結論のための論証，4-27頁の中で，スコトゥスの『命題集註解（オルディナチオ）』第2巻第6問題のテキストを忠実に引用している。

2)　拙著『オッカム「大論理学」の研究』第2章，創文社，1997，49-55頁を参照。
3)　本書4-5頁を参照。
4)　Duns Scotus, *Ord*., II, d.3, p.1, q.4, n.77; Vaticana VII, p.427；前掲拙訳，250頁。
5)　*Ibid.*, n.188; Vaticana VII, p.484, lin.8-9；前掲拙訳，294頁；本書6-7頁。
6)　Non est igitur 'entitas' materia vel forma vel compositum, in quantum quodlibet istorum est 'natura',―――sed est ultima realitas entis quod est materia vel quod est forma vel quod est compositum; ita quod quodcumque commune, et tamen determinabile, adhuc potest distingui (quantumcumque sit una res) in plures realitates formaliter distinctas, quarum haec formaliter non est illa: et haec est formaliter entitas singularitatis, et illa est entitas naturae formaliter. Nec possunt istae duae realitates esse res et res, sicut possunt esse realitas unde accipitur genus et realitas unde accipitur differentia (ex quibus realitas specifica accipitur), ―――sed simper in eodem (sive in parte sive in toto) sunt realitates eiusdem rei, formaliter distinctae.（前掲拙訳，293-94頁；本書6-7，134-35頁）

7)　Ista realitas individui……est quasi actus, determinans illam realitatem speciei quasi possibilem et potentialem,（前掲拙訳，290頁）

8)　Nec possunt istae duae realitates esse res et res, sicut possunt esse realitas unde accipitur genus et realitas unde accipitur diffeentia (ex quibus realitas specifica accipitur),……（前掲拙訳，294頁）

9)　Duns Scotus, *Ord*., II, d.3, p.1, q.6, n.143; Vaticana VII, p.464, lin.4-12；前掲拙訳，277-78頁。

10)　dico quod composition potest intelligi proprie, prout ex re actuali et re potentiali, ―――vel minus proprie, prout est ex realitate et realitate actuali et potentiali in eadem re. Primo modo non est individuum compositum respectu naturae specificae, quia nullam rem* addit,―――quia neque materiam neque formam neque compositum, sicut procedit argumentum. Secundo modo est necessario compositum, quia realitas a qua accipitur differentia specifica, potentialis est respectu illius realitatis a qua accipitur differentia individualis, sicut si essent res et res; non enim realitas specifica ex se habet unde includat per identitatem realitatem individualem, sed tantum aliquod tertium includit ambo per identitatem.

＊ヴァティカン版では nullam realitatem となっているが，或る写本に従い nullam rem と読む。
（前掲拙訳，294-95頁）

11)　Duns Scotus, *Ord*., II, d.3, p.1, q.6, n.8-28; Vaticana VII, pp.395-402；前掲拙訳，223-29頁；本書16-27頁。

12)　Duns Scotus, *Ord*., II, d.3, p.1, q.6, n.173-75; Vaticana VII, pp.476-78；前掲拙訳，287-88頁；本書8-11頁。

13)　新しい批判版の校訂は，R.Andrews, G.Etzkorn, G.Gál, R.Green, F.Kelly, G.Marcil, T.Noone, R.Wood の8名で行なわれている。『アリストテレス形而上学問題集』の評価に関

しては，Stephen D.Dumont, "The Question on Individuation in Scotus's 《Quaestiones super Metaphysicam》," in *Via Scoti*, Methodologica ad mentem Joannis Duns Scoti, (Roma 1995) I, pp.193-97 を参照。

14) Introduction, §7 Chronology regarding Scotus's Metaphysica, In *Ioannis Duns Scoti Quaestiones super libros Metaphysicorum Aristotelis*, Libri I-V,; Opera Philosophica III, St.Bonaventure, N.Y. 1997, pp.xlii-xlvi.

15) *Ioannis Duns Scoti Quaestiones super libros Metaphysicorum Aristotelis*, Libri VII, Quaest.13; Opera Philosophica IV, St.Bonaventure, N.Y. 1997, p.279, note 249 を参照。

16) Introduction, §7 Chronology regarding Scotus's Metaphysica, In *Ioannis Duns Scoti Quaestiones super libros Metaphysicorum Aristotelis*, Libri I-V,; Opera Philosophica III, St. Bonaventure, N.Y. 1997, pp.xliii.

17) Duns Scotus, *Ord*., II, d.3, p.1, q.1, n.7-28; Vaticana VII, pp.394-402；前掲拙訳，223-29頁。

18) *Ioannis Duns Scoti Quaestiones super libros Metaphysicorum Aristotelis*, Libri VII, Quaest.13, 60-83; Opera Philosophica IV, St. Bonaventure, N.Y. 1997, pp.238-46 を参照。

19) 前掲拙訳，223-24頁；本書 17-19頁。

20) Stephen D.Dumont, "The Question on Individuation in Scotus's 《Quaestiones super Metaphysicam》," in *Via Scoti*, Methodologica ad mentem Joannis Duns Scoti, (Roma 1995) I, pp.218-19 を参照。『アリストテレス形而上学問題集』の新しい批判版の校訂者達は，〈『アリストテレス形而上学問題集』の中で論じられている個体化の理論が，『命題集註解（オルディナチオ）』の中で論じられている個体化の理論よりも後の，より発展し成熟したスコトゥスの後期の理論である〉という彼等の主張の根拠として，この論文を挙げている（Introduction, §7 Chronology regarding Scotus's Metaphysica, In *Ioannis Duns Scoti Quaestiones super libros Metaphysicorum Aristotelis*, Libri I-V,; Opera Philosophica III, St.Bonaventure, N.Y. 1997, p.xliii)。

21) 前掲拙訳，230頁。

22) 本書訳 10-15, 26-27頁，及び訳者註解 34, 132頁を参照。

23) 14……Singulare totam entitatem quiditativam superiorum includit, et ultra hoc, gradum ultimate actualitatis et unitatis,……, quae unitas non deminuit, sed addit ad entitatem et unitatem, et ita ad intelligibilitatem.

  15 Item, singulare nihil includit quod non includit universale nisi gradum praedictum. …… (Scotus, *Quaestiones super libros Metaphysicorum Aristotelis*, Lib.VII, Quaest.15, 14-15; Opera Philosophica IV, St.Bonaventure, N.Y. 1997, p.298, lin.8-14)
Stephen D.Dumont, "The Question on Individuation in Scotus's 《Quaestiones super Metaphysicam》," in *Via Scoti*, Methodologica ad mentem Joannis Duns Scoti, (Roma 1995) I, pp.213-17, 及び山内志朗『天使の記号学』第6章5「個体化の構図」岩波書店，2001, 208-224頁を参照。更に山内氏は『ライプニッツ』（NHK 出版，2003, あとがき，120-122頁）の中で，こうしたスコトゥスの思想とライプニッツとの類似を指摘している。

24) Scotus, *Quaestiones super libros Metaphysicorum Aristotelis*, Lib.VII, Quaest.13, 135 (Opera Philosophica IV, St.Bonaventure, N.Y. 1997, p.265, lin.2-5); Lib.VII, Quaest.13, 138 (Ibid.,

p.265, lin.18-p.266, lin.7).
25) 前註16, 20を参照。
26) 前註6を参照。
27) 前註10を参照。
28) 前掲拙訳, 290頁。
29) スコトゥスは「同一の白さという形相の内に完全性の相違が見出され, 複数の存在性 (realitas formalis, formalitas realitatis) が存在する」ことを, 次のように述べている。

407 Ista differentia (differentia formalis) manifestatur per exemplum: si ponatur albedo species simplex non habens in se duas naturas, est tamen in albedine aliquid realiter unde habet rationem coloris, et aliquid unde habet rationem differentiae; et haec realitas non est formaliter illa realitas, nec e converso formaliter, immo una est extra realitatem alterius―― formaliter loquendo――sicut si essent duae res, licet modo per identitatem istae duae realitates sint una res.

408 Hoc autem exemplum licet aliqualiter sit simile ad propositum (quoad hoc scilicet quod identitas realis non necessario concludit identitatem formalem cuiuslibet quod est in si eodem ad quodcumque quod est in ipso), non tamen est omnino simile, quia aliqua compositio est in albedine, licet non rei et rei, tamen quails non concederetur in Deo, ……
(Scotus, *Ordinatio* I Dist.2, Pars2, Q.4, 407-08; Vaticana II, p.358, lin. 3-15)

alia est distinctio formalis sive perfectionalis, quando scilicet in eadem re et simplici praeter omnem considerationem intellectus sunt diversae rationes aut perfectiones quarum una non includit formaliter aliam. Et talis distinctio etiam est in creaturis, quae etiam habent naturam simplicem, ut in forma accidentali; nam albedo non habet diversas partes reales, et tamen genus accipitur ab alia formalitate istius realitatis quam differentia, et ab alia perfectione, quia albedo non eadem formalitate convenit cum nigredine et distinguitur ab ea. (Scotus, *Lectura* I. Dist.3, Pars1, Q.2, 121; Vaticana XVI, p.270, lin. 20-p.271, lin.8)

quia in albedine non est compositio ex re et re; tamen in albedine sunt duae realitates formales, quarum una est generis perfectibilis per realitatem diffeentiae, ita quod una nec includit aliam formaliter nec etiam per identitatem,…… (Scotus, *Lectura* I. Dist.8, Pars1, Q.3, 103; Vaticana XVII, p.35, lin. 6-10)

30) ①resとrealitas formalisの存在上のレベルの相違, 実在的区別と形相的区別を認め, ②同一のもの (res) から類概念や種差概念といった異なる概念が取り出されうるのであるから, 同一のもの (res) の内に, このような複数の概念を成立させる根拠である複数の存在性 (realitas formalis) が存在するのであり, 一方の存在性が他方の存在性に対して, 現実態が可能態に対するごとき関係にあり, 一方が他方によって限定され完成され, ③このような完成の究極的存在性からは, それ以上単純化不可能 (simplicite simplex) な概念のみが取り出されるという発想は, 個体化の理論だけでなく, スコトゥスの哲学全体に共通に見出される思想である。スコトゥスは次のように述べている。

『命題集註解 (オルディナチオ)』第1巻第3区分第1部第3問題, 神の可認識性についての議論

159……aliqua (differentia) potest sumi a parte essentiali ultima, quae est res alia et natura alia ab illo a quo sumitur conceptus generis, sicut si ponatur pluralitas formarum, et genus dicatur sumi a parte essentiali priori et differentia speifica a forma ultima. ……Sed nulla talis differentia est ultima, quia in tali continentur realitates plures, aliquo modo distinctae ……et tunc talis natura potest concipi secundum aliquid, hoc est secundum aliquam realitatem et perfectionem, et secundum aliquam ignorari, ——et ideo talis naturae conceptus non est simpliciter simplex. Sed ultima realitas sive 'perfectio realis' talis naturae, a qua ultima realitate sumitur ultima differentia, est simpliciter simplex; ista realitas non includit ens quiditative, sed habet conceptum simpliciter simplicem. Unde si talis realitas sit **a**, haec non est in 'quid' '**a** est ens' sed est per accidens, et hoc sive **a** dicat illam realitatem sive differentiam in abstracto, sumptam a tali realitate.

160 Dixi igitur prius quod nulla differentia simpliciter ultima includit ens quiditative, quia est simpliciter simplex. Sed aliqua differentia, sumpta a parte essentiali——quae pars est natura in re, alia a natura a qua sumitur genus——illa differentia non est simpliciter simplex, et includit ens in 'quid': et ex hoc quod talis differentia est ens in 'quid', sequitur quod ens non est genus, propter nimiam communitatem entis. Nullum enim genus dicitur de aliqua differentia inferiore in 'quid', neque de illa quae sumitur a forma neque de illa quae sumitur ab ultima realitate formae (sicut patebit distinctione 8), quia simper illud a quo sumitur conceptus generic, secundum se est potentiale ad illam realitatem a qua accipitur conceptus differentiae, sive ad illam formam si differentia sumatur a forma. (Scotus, *Ordinatio* I. Dist. 3, Pars1, Q.3, 159-60; Vaticana III, p.97, lin.7-p.99, lin.4)

『レクトゥーラ』第1巻第8区分第1部第3問題, 神の単一性についての議論

102……Conceptus generis essentialiter determinabilis est per conceptum differentiae,—— et non tantum conceptus, sed est aliqua realitas in re a qua sumitur conceptus generic, quae est 'esse in potential', et ita determinabilis per realitatem a qua sumitur conceptus differentiae. ……realitas igitur a qua accipitur ratio generic est alia a realitate a qua accipitur ratio differentiae, et in potentia ad realitatem differentiae, determinabilis per ipsam; ……(Scotus, *Lectura* I. Dist.8, Pars1, Q.3, 102; Vaticana XVII, p.34, lin.6-20)

118……simplicitas perfecta non solum excludit compositionem ex re et re realiter diversa, sed compositionem ex realitate et realitate formali quarum una est in potentia ad aliam, sicut si essent diversae res absolute distinctae et una factibilis sine alia; et sic quidquid est in genere, est compositum. ……(Scotus, *Lectura* I. Dist.8, Pars1, Q.3, 118; Vaticana XVII, p.41, lin.21-25)

31) 前掲拙訳, 301頁。

32) Stephen D.Dumont, "The Question on Individuation in Scotus's 《Quaestiones super Metaphysicam》," in *Via Scoti*, Methodologica ad mentem Joannis Duns Scoti, (Roma 1995) I, pp.209-13.

33) Timothy B.Noone, "Scotus's Critique of the Thomistic Theory of Individuation and the Dating of the 《Quaestiones in libros Metaphysicorum》, VII, q.13," in *Via Scoti*, Methodologica ad mentem Joannis Duns Scoti, (Roma 1995) I, pp.391-406.

あ と が き

　本書の成立事情について，少し書いておきたい。筆者は1991-92年に UCLA（カルフォルニア大学ロスアンジェルス校）に客員研究員として滞在し，その間，当時 UCLA の教授であった Adams 教授（現在, Christ Church College, Oxford）と，週一回，オッカム『センテンチア註解』(Scriptum in Librum Sententiarum, Ordinatio) 第1巻第2区分第6問題を読み，議論を行なう機会を得た。私が毎回数頁のラテン語を英訳し，更に私の疑問やコメントを英文で書いて行き，それに基づいて二人で，二時間程度議論するという形式のものであった。本書は，その時に筆者が書いた原稿 "Ockhan's Critique of The Duns Scotus's Theory of Individuation――Scriptum in Librum Sententiarum, Liber I, Dist.2, Q.VI――" に基づいている。我々の議論には，途中から Tweedale 教授（カナダ, University of Alberta）も加わった。「オッカムの批判は，スコトゥスの理論にとって決定的なものである」という Adams 教授の主張に対して，「オッカムの批判は必ずしも正当ではない」と私が反論し，Tweedale 教授が私の側を支持するということが多かった。まえがきで挙げた，このテーマに関して書かれた著作や論文のうち，Adams 教授が京都大学の研究誌に発表した(1)の論文，私が書いた(8)(9)(10)の著作や論文，Tweedale 教授の(11)の著作は，その時の我々の議論から生まれたものである。私が書き，Adams 教授が訂正した原稿 "Ockhan's Critique of The Duns Scotus's Theory of Individuation――Scriptum in Librum Sententiarum, Liber I, Dist.2, Q.VI――" はA4の用紙で122枚の分量のものであった。当時この訳を註解付きでアメリカで出版するという話しが Adams 教授との間になされていたが，中止された。Spade 教授が，このオッカムのテキストを含む英訳本 *Five Texts on the Mediaeval Problem of Universals* を1994年に先に出版してしまったからである。以後，10年以上この原稿は，私の研究室の机の引き出しの中に放置されることになる。この原稿が再び日の目を見るきっかけとなったのが，昨年の夏7月に京都大学文学部，大学院文学研究科で行なった集中講義である。講義の中で私は，スコトゥスの共通本性や個体化の理論に対するオッカムの批判という題目のもとで，オッカムの『センテンチア註解』(Scriptum in Librum Sententiarum, Ordinatio) 第1巻第2区分第6問題を，中世哲学史専攻の学生達と演習の形式で読んだ。その時に，この英文の原

稿を日本語に直して出版することを思いついたのである。

　最後に，本書の出版を快くお引き受けいただきました知泉書館の小山光夫氏，髙野文子氏に御礼申し上げます。小山氏の，学術書の出版に対する熱い思いなしには，私の原稿が世に出ることはなかったと思います。

　2004年4月

渋　谷　克　美

索 引

あ 行

或るものにおいて（in aliquo）…………………………………………118, 119
一，一性（unum, unitas）………………4, 5, 12, 13, 18-25, 36, 37, 42, 43, 56, 57, 60, 61, 82-97
 数的な一（unitas numeralis, unum numero, unum secundum numerum）…4, 5, 8, 9, 14-17, 20-25, 36, 37, 42, 43, 48, 49, 56-59, 66-73, 82-93, 96, 97
 自体的に第一の仕方で（per se primo modo, primo modo dicendi per se）数的に一…10, 11, 42, 43, 48, 49, 65, 66
 それ自体において（de se）数的に一………………………………10, 11, 42, 43
 第一の仕方において（primo）数的に一………………………………10, 11
 派生的に（denominative）数的に一………………………………10, 11, 66-69
 本質的に（per partem essentialem, per essentiam）数的に一…………10, 11, 48, 49
 より大きな（強い）一（unitas maior）………………………………18, 19, 36-39
 より小さい（弱い）一（unitas minor）………4, 5, 8, 9, 14-19, 21, 36-39, 42, 43, 68, 69
馬性（equinitas）………………………………………………14, 15, 26, 27, 112-15
同じ存在によって，同一の存在によって（eodem）……………………………114-21

か 行

共通，共通性（commune, communicabilis, communitas）…10-13, 35-37, 40-51, 58, 59, 64-73, 96-101, 104, 105
 肯定的な意味での（positive）共通………………………………………40, 41
 否定的な意味での（negative）共通………………………………40, 41, 66, 67
形相的（formaliter）………………………2-7, 28, 29, 34, 35, 54-63, 72, 73, 114, 117
 形相的区別（distinctio formalis, distingui formaliter）…6-9, 28, 29, 35, 54-65, 72, 73, 114, 117
現実態としての存在（actualitas exsistentia）………………………………………4, 5
個体的差異（differentia individualis）…4-7, 11, 28-35, 38, 39, 41-43, 46-61, 64-69, 114, 115, 118-21
個体の段階，個体的差異の段階（gradus individualis）……………………42, 43, 58-61
個別性，個体性（singularitas）………………………………12, 13, 18, 19, 68-71, 96, 97

さ 行

差異を有するもの（differenia）………………………………………………101-11
実在的（realis, realiter）…2-5, 8, 9, 16-25, 27-31, 34-67, 70-75, 82-85, 88-91, 96-101, 114, 115
実在的区別（distinction realis, distingui realiter）………28, 29, 46, 47, 54, 55, 58-63
述語づけの表示態（actus signatus）………………………………………114, 115
述語づけの遂行態（actus exercitus）………………………………………114, 115

全体及び皆無の規則（dici de nullo）………………………………………………34, 35
相違するもの（diversa）………………………………………………102, 103, 106, 109-11
それ（彼等）自身によって，自らによって（se ipsa, se ipsis）………72, 73, 98-101, 116-21
それ自体において，それ自体によって，それ自体としては（de se, ex se）…4, 5, 12-17, 32-
　　35, 40-43, 46-53, 56-61, 66, 67, 74-77, 80, 81, 120-22
存在性（realitas）………………………………………………………………………6, 7, 67
　　存在の究極的な存在性（ultima realitas entis）……………………………………6, 7

た・な 行

代示（supponere pro, stare pro）…28, 29, 46-49, 54, 55, 74-81, 90, 91, 100, 101, 112-15, 122, 123
　　一括的な不特定代示（supponere confuse tantum）………………………………76, 77
　　個体代示（supponere personaliter）………………………74, 75, 78-81, 90, 91, 100-15
　　質料代示（suppositio materialis）…………………………………………………114, 115
　　単純代示（supponere simpliciter）…………………………74, 75, 78-81, 90, 91, 100-15
　　特定代示（supponere determinate）…………………………………………………76, 77
中立（indifferens）………………………………6, 7, 10-13, 40, 41, 66-69, 72, 73, 112-15
特定化する，個体化する（contrahens）…4-13, 28, 29, 34, 35, 46, 47, 50-61, 64-69, 114, 115,
　　118-21
何性・本質的存在性（entitas quidditativa）…………………………………………6, 7, 64-67

は・ま 行

普遍（universale）……2-5, 11-13, 16, 17, 26, 27, 38-41, 44-47, 58, 59, 68-75, 82, 83, 98-101,
　　112-15
　　完全な意味での普遍（universale complete）………………4, 5, 10-13, 40, 41, 44-47
　　不完全な意味での普遍（universale incomplete, universale inchoative）………4, 5, 44, 45
　　現実態における普遍（universale in actu）………………10-13, 44, 45, 68, 69, 82, 83
　　可能態における普遍（universale in potential）……………………………………44, 45
別々の存在によって（alio et alio）…………………………………………………118, 119
本性（natura）……………………2-9, 11-21, 28-43, 46-49, 53, 55-61, 64-69, 74-85, 114, 115, 118-23
　　共通本性（natura communis）………………………………………………………6, 7, 43
本性的により前（prior naturaliter）…………………………………………64, 65, 82, 83
もの（res）……………………………………………6, 7, 28, 29, 34, 35, 60, 61, 72, 114-19

渋谷 克美(しぶや・かつみ)
1948年生まれ．金沢大学大学院文学研究科修士課程修了．京都大学博士(文学)．1991－92年 UCLA(カリフォルニア大学ロスアンジェルス校)客員研究員．現在愛知教育大学教授．

〔著書・論文〕『オッカム「大論理学」の研究』(創文社,1997),「オッカムにおける，自己の認識活動へと立ち返る直知認識」(関西哲学会『アルケー』3号, 1995), Scotus on Common Nature－Is Scotus's Theory Incoherent? (VERITAS, Kyodai Studies in Medieval Philosophy, XV 1995), William of Ockham's Commentary upon Isagoge of Porphyry (VERITAS, Kyodai Studies in Medieval Philosophy, XVII 1998),「スコトゥス，オッカムの直知認識(notitia intuitiva)と抽象認識(notitia abstractiva)」(『哲学史の再構築に向けて』第7章, 昭和堂, 2000),「スコトゥス，オッカムにおける様相理論と可能世界論」(『中部哲学会年報』第34号, 2001)他．

〔訳書〕トマス・アクィナス『神学大全』第22分冊(創文社, 1991), ドゥンス・スコトゥス『命題集註解(オルディナチオ)』第2巻(平凡社, 中世思想原典集成18所収, 1988), オッカム『大論理学』註解Ⅰ-Ⅲ, Ⅴ(創文社, 1999-2001, 2003)他．

〔スコトゥス「個体化の理論」への批判〕　ISBN4-901654-31-4

2004年5月25日　第1刷印刷
2004年5月30日　第1刷発行

訳　者　渋　谷　克　美
発行者　小　山　光　夫
印刷者　藤　原　良　成

発行所　〒113-0033　東京都文京区本郷1-13-2
　　　　電話(3814)6161　振替00120-6-117170
　　　　http://www.chisen.co.jp
　　　　株式会社　知泉書館

Printed in Japan　　　　　印刷・製本／藤原印刷